No dejes que
nada
opaque tu
chispa

No dejes que nada opaque tu chispa

Cómo terminar con la negatividad y el drama

Doreen Virtue

Grupo Editorial Tomo, S. A. de C.V.
Nicolás San Juan 1043,
03100, Ciudad de México

1.ª edición, octubre 2016.

© *Don't Let Anything Dull Your Sparkle*
  por Doreen Virtue, Ph. D.
  Copyright © 2015 por Doreen Virtue, Ph. D.
  Publicación original en inglés 2015 por
  Hay House Inc., U. S. A.

© 2016, Grupo Editorial Tomo, S. A. de C. V.
  Nicolás San Juan 1043, Col. Del Valle
  03100, Ciudad de México.
  Tels. 5575-6615, 5575-8701 y 5575-0186
  Fax. 5575-6695
  www.grupotomo.com.mx
  ISBN-13: 978-607-415-781-9
  Miembro de la Cámara Nacional
  de la Industria Editorial N.° 2961

Traducción: Lorena Hidalgo Zebadúa
Diseño de portada: Karla Silva
Formación tipográfica: Marco A. Garibay M.
Supervisor de producción: Leonardo Figueroa

Este libro se publicó conforme al contrato establecido entre
Hay House, UK, Ltd. y *Grupo Editorial Tomo, S. A. de C. V.*

Impreso en México - *Printed in Mexico*

Contenido

Prólogo 7

Primera parte
La ciencia de la "chispa"

Introducción a la primera parte: Recupera tu chispa 17

Capítulo uno: Dramas, traumas y estrés 23

Capítulo dos: ¿Por qué parece que los dramas
te persiguen? 35

Capítulo tres: Reacción por estrés postraumático 55

Capítulo cuatro: Adicción e intolerancia a
la histamina 69

Segunda parte
Cómo recuperar tu chispa

Introducción a la segunda parte: Equilibrio del
yin y el yang 83

Capítulo cinco: Elimina el estrés de tu vida 87

Capítulo seis: Come para recuperar tu chispa 109

Capítulo siete: La chispa en lo que te rodea 129

Capítulo ocho: Alivio del estrés, depresión
y ansiedad 143

Capítulo nueve: Yoga suave y restaurativo 163

Capítulo diez: Obtener ayuda 181

Tercera parte
Brilla alrededor de otras personas

Introducción a la tercera parte: Conectando con
los demás 193

Capítulo once: ¿Cómo te sientes en relación a
otras personas? 195

Capítulo doce: Escoge a tus amigos sensatamente 213

Capítulo trece: Relaciones románticas brillantes 231

Capítulo catorce: Cómo ser tú mismo con
tus familiares 245

Capítulo quince: Desarrolla relaciones sanas 261

Epílogo: Deja de estresarte y comienza a estirarte 269

Bibliografía 273

Sobre la autora 301

Prólogo

La gente me conoce como autora de libros y cartas espirituales. Aunque he estudiado y practicado sicología durante muchos años, llevo mucho más tiempo dedicándome a la espiritualidad.

Este libro no es sobre espiritualidad, pero nació de una experiencia espiritual en la que recibí un mensaje interior sorprendente.

El mensaje interior se presentó cuando estaba en San Francisco, durante una gira para promocionar un libro. Tras 25 años de viajar, me sentía agotada. Amo compartir mis conocimientos y conocer al público, pero tener que trasladarme de una ciudad a otra se había convertido en un fastidio. Me había vuelto muy sensible a algunas cosas, como la intensa seguridad en los aeropuertos, al tráfico y al ruido de las ciudades; a la contaminación del aire y a las ajetreadas agendas de viaje. Además, cuando estaba fuera de la casa no me era fácil seguir una rutina para mi cuidado personal.

Quería dejar de salir de gira, pero era la única manera que conocía de hacer que la gente supiera sobre mis libros. Era una costumbre profesional. Aún así, estaba estresada por viajar y ya estaba cansándome.

Y entonces ocurrió: no pude más con el estrés. Estaba en el aeropuerto para dirigirme a San Francisco. Acababa de dar un taller en Toronto durante uno de esos fines de semana de invierno, llenos de nieve. Tenía frío y me sentía cansada. Cuando hice el *check-in* en el aeropuerto de Toronto, la representante de la aerolínea me dijo que me habían elegido al azar para una revisión adicional de medidas de seguridad. Tenían que registrarme y debía pasar por un escáner de rayos X. El pase de abordar que me dio estaba marcado con un código de revisión adicional de aeropuertos, unas *SSSS* en absoluto discretas.

Empecé a llorar, frustrada. Normalmente hubiera sido capaz de encontrar una manera positiva de lidiar con el asunto de la seguridad del aeropuerto, como rezar, hacerle plática a los encargados de seguridad o recordarme que esas medidas son necesarias para mantener a salvo a todos los pasajeros. Pero, sin yo saberlo en ese momento, mi dieta, el estrés de la vida y los traumas del pasado sin resolver me rebasaron hasta el punto en que no fui capaz de hacer uso de mis estrategias positivas para hacer frente a situaciones así.

La idea de tener que pasar por medidas de seguridad adicionales me llevó al límite y lloré con angustia. Me encanta escribir y enseñar, pero tener que viajar constantemente me hacía sentir como si estuviera atrapada en una rutina sin poder escapar de ella.

Prólogo

Cuando llegué a San Francisco, después del que me pareció un viaje demasiado largo, decidí que —sin importar las consecuencias— tenía que dejar de viajar.

Al día siguiente, mientras caminaba por *Post Street*, en *Union Square*, escuché el mensaje interior que es la base de este libro. Fue una sola oración, tan profunda y tan verdadera que me paré de repente frente a la tienda Tiffany para escribirla:

La razón por la que tú y mucha gente viven sucesos dramáticos en su vida es porque son adictas a la histamina.

Escuché el mensaje tan claro como si me lo hubiera dicho otra persona (que es como suelo recibir los mensajes espirituales desde que era niña). Por si estás pensando que sufrí una alucinación auditiva, toma en cuenta que el programa de maestría en Sicología de la Universidad Chapman exigía que todos los alumnos nos sometiéramos a una batería de pruebas sicológicas. Pasé todas las pruebas y me gradué.

El investigador D. J. West dio la siguiente definición sobre la diferencia entre una alucinación y una experiencia síquica verdadera:

Las alucinaciones patológicas suelen mantener ciertos patrones rígidos, ocurrir de manera repetida durante una enfermedad manifiesta, pero no en otras circunstancias, y acompañarse de otros síntomas, en particular de perturbaciones de la percepción y pérdida de la conciencia del entorno normal. Las experiencias síquicas espontáneas, por lo general, son eventos aislados, sin relacionarse a ninguna enfermedad o perturbación conocida y definitivamente no están acompañadas de pérdida de contacto con el entorno normal (West, 1960).

Bueno, definitivamente sí estaba en contacto con mi entorno cuando escuché el mensaje. Además, no he probado una gota de alcohol desde 2003, así que no fue producto de ninguna intoxicación.

Los estudios muestran que la diferencia entre una alucinación auditiva y una experiencia síquica verdadera es que la primera es negativa y se basa en el ego, y la segunda es positiva. Y este mensaje fue positivo.

Tuve una sensación de ¡ajá! que acompañaba al mensaje, pero no fui consciente del alcance del impacto que tendría. Estaba familiarizada con la sicología de la histamina. De manera intuitiva sentí que las palabras señalaban a mi ciclo adictivo con la histamina, producido por el estrés y los hechos dramáticos de mi vida.

Entonces, escribí el mensaje e incluso lo subí a mi blog diario en Facebook. Pero después se me olvidó hasta que la casualidad (que me pareció intervención Divina) hizo que de repente apareciera esa vieja cita que había escrito un día.

Fue entonces cuando comencé a investigar sobre la adicción a la histamina y ¡me sorprendió lo que descubrí! Me di cuenta de que el colapso que sufrí en el aeropuerto de Toronto fue en gran medida una acumulación de los efectos de consumir una dieta alta en histamina, de estar agobiada por el estrés (lo cual aumenta los niveles de histamina), y de no darme tiempo para enfrentarme a los traumas del pasado y resolverlos.

Resulta irónico que, al ser terapeuta de adicciones y desórdenes alimenticios, había estudiado y tratado los traumas durante décadas. Mi disertación doctoral trató sobre la relación entre los abusos padecidos en la infancia y el desarrollo de adicciones, lo cual se convirtió en la base de mi libro sobre adicción y desórdenes alimenticios llamado *Losing Your Pounds of Pain*. Asistí a talleres impartidos por los pioneros en la investigación de los traumas, como los doctores Peter Levine y Bessel van der Kolk.

Incluso le dije a un sicoterapeuta colega que las descripciones del Dr. Levine sobre los traumas me sonaban a mis propias heridas. Mi colega no tardó en regañarme por considerar que yo pudiera tener traumas, pues no había estado en ninguna guerra ni había sufrido abusos cuando era niña (los dos tipos de traumas que más frecuentemente se relacionan al desorden por estrés postraumático). Me llamó la atención por usar la palabra *trauma* tan a la ligera.

Así que ofrecí todas las disculpas que pude (quizá debido al trauma que había experimentado) y decidí que seguramente tenía razón. Puesto que mis traumas no incluyen abuso infantil, ni guerras, los deseché. No me di cuenta del impacto que estas experiencias dolorosas tenían sobre mi vida.

Después de llevar a cabo la investigación para este libro, sin embargo, descubrí que la definición de trauma es muy amplia y resulta que incluye cualquier situación en la que nos sentimos horrorizados, indefensos o con un miedo intenso de perder la vida. De acuerdo con estas definiciones, mis experiencias sí eran traumáticas y afectaron la química de mi cuerpo y de mi cerebro, además de que me dejaron cicatrices sicológicas. Según mis investigaciones, no había usado el término *trauma* a la ligera. Se trataba de un trauma real, como para muchas otras personas.

El hecho de descartar mis sentimientos muestra el nivel de negación que bloquea la capacidad de recuperarme del trauma. Incluso con mis conocimientos clínicos, no me di cuenta de mis síntomas posteriores a los traumas y había minimizado el impacto de lo que había vivido. Mi colega también estaba en negación, quizá porque no estaba dispuesto a hacerle frente a sus propios traumas.

Con base en mis descubrimientos empecé a trabajar conmigo misma. Seguí todas las recomendaciones para sanar los traumas que vas a encontrar en este libro y descubrí que fue de gran ayuda.

Al principio, igual que muchos sobrevivientes de traumas, estaba impaciente y quería ver resultados de inmediato. Una vez que me di cuenta de ello descubrí que hace falta un compromiso constante para sanar patrones. Tres o cuatro meses después noté un enorme cambio positivo en mi interior. Sentí un nuevo nivel de felicidad y satisfacción que no sabía que existía. Finalmente entendí que los viejos patrones de mis traumas atraían el drama a mi presente. Una vez que observé esta dinámica tomé una decisión consciente de "desintoxicarme de los traumas" y los patrones se desvanecieron.

Para mi satisfacción, desintoxicarme emocionalmente me sanó también en el aspecto físico, pues dejé de sentir molestias de hinchazón y comezón. ¡Volví a ver los huesos de mis mejillas! Seguir los métodos que vas a leer en este libro me ayudó además a modificar mi profesión. Mis amigos me decían que me veía más joven y de verdad *me sentía* así. Una cálida paz en el corazón reemplazó el tirante estrés al que me había acostumbrado.

Me llena de emoción compartir contigo lo que descubrí porque estoy segura de que ¡también cambiará tu vida de manera positiva!

Con amor,

Doreen Virtue

Primera parte

La ciencia
de la "chispa"

Introducción a la primera parte
Recupera tu chispa

S̄i...

* estás estresado y agotado
* tu sensibilidad te agobia
* no te sientes bien contigo mismo
* te presionas para ir más rápido
* eres olvidadizo y no logras concentrarte
* hay demasiados eventos dramáticos y negatividad en tu vida
* tus relaciones son difíciles
* tu cuerpo no coopera
* tu trabajo te fatiga

...¡entonces llegó el momento de recuperar tu chispa!

En este libro exploraremos cómo es que la negatividad, los hechos dramáticos y los traumas afectan a la gente sensible como tú. Aprenderás la forma en que los eventos de tu vida han alterado a tu cerebro y al equilibrio entre tus hormonas y la química de tu cuerpo. También descubrirás por qué no puedes seguir presionándote para ir más rápido y hacer más cosas.

Este libro trata sobre la ciencia de la "chispa". Leerás referencias a estudios científicos que muestran por qué la chispa —el gozo, la paz interior, la salud, la capacidad para concentrarse, la motivación y la felicidad— se apaga... y cómo puedes volver a encenderla. Para que el libro fuera más agradable y fácil de leer resumí la investigación. Bien podría haber escrito sobre la respuesta celular al estrés, pero eso sería difícil de digerir, de manera que este libro es más narrativo que clínico.

Puesto que la literatura muestra que nuestro periodo de atención corto está relacionado con un estilo de vida lleno de situaciones dramáticas, estrés y traumas, también evité poner pies de página y citas numéricas que hacen referencia a los estudios. (En algunos casos incluí referencias entre paréntesis a entradas en la bibliografía). Espero que leas el libro completo porque cada página contiene información importante. De manera que me esforcé para que pudieras leer este libro sin esfuerzo y que lo disfrutaras.

La investigación sobre la que vas a leer ayuda a explicar por qué tu vida es como es. Es un alivio reconocer la razón que se encuentra detrás de los patrones tóxicos. Es una maravilla ser consciente de uno mismo y de los procesos internos. De repente, el mundo tiene sentido y logras entenderte a ti mismo.

Verás que los traumas que has vivido o presenciado han cambiado la química de tu cerebro y de tu cuerpo. No incluí detalles sobre los traumas que otras personas han vivido, ni los míos. Los estudios muestran que podemos traumarnos al escuchar sobre los traumas de otras personas, así que no quiero que los tuyos aumenten por leer sobre los míos. De esta forma, puedes relajarte y pasar las páginas del libro, con la confianza de que es seguro y delicado.

Ten la certeza de que tú —y todos— nacimos con una luz interior. Un resplandor. Tienes el brillo, pero igual que un foco cubierto de polvo, quizá no te sientas ni parezcas radiante. Si en este momento no te sientes contento y la vida no te emociona, significa que tu chispa está oculta.

Afortunadamente hay respuestas y soluciones, y el primer paso es reconocer tus patrones. Este es un libro sobre cómo descubrir esos patrones —para ayudar a que te sientas contento y entusiasmado por la vida.

Según la Asociación Estadunidense de Sicología (APA, por sus siglas en inglés), existe un aumento importante en la cantidad de niños y adultos que padecen altos niveles de estrés. Los adultos aseguran que están estresados principalmente por el dinero, el trabajo y la situación económica. La mayoría también asegura que no tiene tiempo o motivación suficientes para cuidar de sí misma y remediar, de esta forma, los niveles de estrés. En los niños, los niveles elevados de estrés se relacionan con el sobrepeso, quizá debido a que comen con estrés.

Algunos de estos patrones pueden tener causas biológicas. Por ejemplo, si has experimentado cualquier clase de maltrato —abuso sicológico o emocional, descuido, acoso, etcétera— o algún otro trauma de la vida, entonces es probable que la sustancia química del cerebro y los patrones hormonales estén afectando tu salud, tus niveles de energía y tu personalidad. Este es especialmente el caso si experimentaste un miedo intenso, impotencia u horror durante el trauma.

Es posible que los cambios postraumáticos del cerebro y las glándulas suprarrenales te hayan vuelto adicto al drama y la negatividad. Tu cuerpo y tu cerebro pasan de la homeostasis a un estado nuevo llamado *alostasis*, que significa la reorganización física de la química y las neuronas, lo cual lleva a comportamientos específicos después de un trauma.

Lo que quizá te sorprenda mientras lees este libro es que las experiencias con eventos negativos y los traumas pueden ser patrones muy adictivos, con bases fisiológicas. Así es: el cerebro y el cuerpo pueden *engancharse* a las experiencias estresantes que disminuyen el brillo de tu luz. Esto no es para culpar a alguien que esté atorado en la negatividad, sino que es información para ayudarte a reconocer y sanar patrones dañinos.

También sabrás por qué los hechos dramáticos, el estrés y exigirte ir más allá de tus límites son nocivos física, mental y emocionalmente.

Y por si fuera poco, el estrés y los hechos dramáticos pueden ocasionar problemas de peso. Nuestros instintos primarios responden al estrés acumulando grasa por el miedo inconsciente de que la inanición puede presentarse después de los periodos de trauma. Además, aumentan las ganas de comer comida chatarra. Bajo estrés tendemos a elegir alimentos que nos hacen retener líquidos e hincharnos.

En la primera parte nos adentraremos a la manera en que el cuerpo —incluyendo la salud, el peso, el apetito y los niveles de bienestar— son afectados por el estrés. Parte de este material es clínico, pero vale la pena que te tomes el tiempo para verlo por encima por lo menos. En esta sección del libro encontrarás respuestas a preguntas como por qué actúas de la manera en que lo haces. En la segunda y la tercera partes te presento soluciones para el estrés y los eventos dramáticos.

Capítulo uno
Dramas, traumas y estrés

Debo confesar algo: antes de empezar a investigar y escribir este libro, a veces juzgaba a las personas cuyas vidas estaban continuamente llenas de situaciones dramáticas.

Pero ahora, después de terminar *No dejes que nada opaque tu chispa*, siento la misma compasión por la gente a la que alguna vez llamé "reina del drama" que por los alcohólicos, los comedores compulsivos y los adictos a las drogas. De hecho, este libro me ayudó a ser más paciente con *toda* la gente que trato porque me di cuenta de que la mayoría (si no es que todos) estamos lidiando con las consecuencias de traumas personales y globales.

Esto se debe a que la adicción al drama tiene una base sicológica real. Detrás de toda persona dramática está escondido un trauma no resuelto. El drama es su manera de pedir amor, de pedir ayuda y comprensión. .

> **DETRÁS DE TODA PERSONA DRAMÁTICA ESTÁ ESCONDIDO UN DRAMA NO RESUELTO. EL DRAMA ES SU MANERA DE PEDIR AMOR, DE PEDIR AYUDA Y COMPRENSIÓN.**

Después de investigar y escribir este libro aprendí lo siguiente: de manera colectiva padecemos la *enfermedad del trauma*, la cual alimenta nuestra sed de dramas.

El drama ha tocado virtualmente a todas las personas de este planeta, en especial el trauma secundario por ver demasiadas noticias de horrores y tragedias. El trauma también es la razón por la que somos adictos a los *realities*, a los chismes de los artistas, a las películas de terror y a los amigos dramáticos. Los traumas sin resolver están detrás de los problemas de salud, peso, adicción, sueño y relaciones.

Tu cuerpo guarda recuerdos traumáticos

La sicología y la siquiatría alguna vez se enfocaron solo en la manera en que el estrés, los eventos dramáticos y los traumas afectaban a la *mente*. En la actualidad, las investigaciones han demostrado de sobra que el *cuerpo* reacciona y cambia en respuesta a los eventos de la vida. La clave para sanar los traumas y recuperar la chispa de la vida es escuchar cuando el cuerpo está pidiéndonos ayuda.

> **LA CLAVE PARA SANAR LOS TRAUMAS Y RECUPERAR LA CHISPA DE LA VIDA ES ESCUCHAR CUANDO EL CUERPO ESTÁ PIDIÉNDONOS AYUDA.**

Cuando era directora de la unidad siquiátrica para mujeres llamada *WomanKind* del Hospital Cumberland Hall, en Nashville, Tennessee, había una terapeuta de masajes cuya especialidad era sanar los traumas; ayudaba a los pacientes a liberar los traumas acumulados en sus células. A menudo, los pacientes que se bloqueaban durante la terapia hablada adquirían una nueva percepción y hacían catarsis durante las sesiones de masaje para solucionar los traumas.

RELACIÓN ENTRE LOS SUCESOS DRAMÁTICOS Y LOS TRAUMAS

Las situaciones difíciles y las relaciones que suponen un reto suelen implicar dramas. La definición de *drama* es circunstancias, patrones o relaciones estresantes que *parecen estar* fuera de nuestro control. Si el drama se presenta de manera constante en tu vida, quizá los traumas de tu pasado sean la razón.

Un *trauma* es la situación que causa un dolor (emocional, cognitivo y/o físico) tan grande que rompe la sensación de seguridad. Es más probable que los síntomas postraumáticos se presenten en personas que experimentan miedo intenso, impotencia u horror durante el trauma.

Ambas palabras, drama y trauma, tienen raíces en el griego antiguo:

✳ **Drama** proviene del verbo *dran*, que significaba "actuar" o "hacer", y se refería a producciones teatrales. De cierta manera, la definición moderna es similar, excepto en lo referente al teatro de la vida real. Cuando se dice que una película es un "drama", suele referirse a que veremos escenas emocionales y dolorosas.

✳ **Trauma**, en griego significaba "herida", "daño" o "derrota". En la actualidad solemos pensar en el trauma como una herida física que lleva a la persona al hospital, a la sala de emergencias. No obstante, muchos traumas lastiman a la mente y a las emociones. Sucede en general así, si has sufrido traumas que se repiten.

En muchos casos, la persona se enfrenta a la amenaza de muerte. Entre algunos ejemplos tenemos accidentes vehiculares, abuso infantil, desastres naturales, guerras, enfermedades graves, la muerte repentina e inesperada de un ser amado o un crimen. Un trauma reorganiza los patrones cerebrales, lo cual puede hacerte más propenso a experimentar traumas y sucesos dramáticos.

CALCULANDO TUS DRAMAS

El drama, un patrón secundario que le sigue al trauma, es una forma muy adictiva de autosabotaje y autocastigo.

Incluso, aunque asegures que no soportas los dramas, hay "ventajas secundarias" por estar implicado en situaciones dramáticas, como:

* Ganarte la compasión y otras formas de atención por parte de los demás.
* Enfocarte en los problemas de alguien más y no en los propios.
* Tener una excusa perfecta para posponer las cosas.
* Sentirte necesitado, ya sea por rescatar a otros o porque te rescaten.

El drama es una parte infortunada de la "revictimización" (traumas repetidos), un fenómeno frecuente en quienes han sido traumatizados. En el siguiente capítulo vamos a desenredar este concepto y daremos soluciones a lo largo del libro.

Primero, valoremos tu Coeficiente de Drama personal para ayudar a responder las siguientes preguntas:

* ¿Qué tanta tolerancia tienes al drama?
* ¿Qué tanto te "enganchas" en los dramas de los demás?
* ¿Distingues la diferencia entre rescatar con base en el drama y ayudar genuinamente a alguien necesitado?

* ¿Atraes tus propios eventos dramáticos?

El siguiente no es un método de prueba científicamente probado, pero sí es un cuestionario basado en investigaciones científicas sobre síntomas postraumáticos y la adicción a los químicos del estrés.

CUESTIONARIO DE COEFICIENTE DE DRAMA
Responde "sí" o "no" a cada pregunta:

1. No soporto estar solo.
2. Prefiero estar con alguien conflictivo antes que estar solo.
3. Suelo sentirme atraído por la gente que tiene problemas.
4. He tenido más de una pareja romántica abusadora.
5. Tuve una infancia dolorosa.
6. Gran parte del tiempo me siento culpable.
7. Me encanta leer revistas y artículos en línea sobre las celebridades.
8. En las conversaciones parece que yo soy la persona que más sabe sobre la vida de las estrellas.
9. Me gusta ver *realities* en la televisión
10. Parece que mi vida es "una tras otra".
11. Mi vida podría ser un *reality* de televisión.
12. A la gente le encanta hablarme de sus problemas.
13. Gran parte de mi día paso ayudando a otras personas.

14. A veces me pregunto si la paz interior es una posibilidad o solo un cuento de hadas.

15. Estar aburrido es una de las peores cosas del mundo.

16. Mis seres queridos se quejan de que exagero las cosas.

17. Sería feliz y tendría éxito si mi familia lograra ponerse de acuerdo.

18. Me considero una persona muy fuerte que puede soportar más que la gente común.

19. Visito a mi familia por culpa y obligación, no porque quiera verla.

20. A menudo me arrepiento de ignorar mi intuición.

21. Soy una de las personas más trabajadoras que conozco.

22. Cuando hay una noticia trágica e importante, me siento muy mal.

23. Después de que alguien me cuenta sus problemas, sigo hablando de ellos.

24. Me es difícil concentrarme.

25. Muchas veces soy olvidadizo.

26. Para mantener mi energía dependo de la cafeína y/o el azúcar.

27. Muchas veces tengo antojos de comer comida fermentada, como vinagre y quesos fuertes.

28. Me relajo bebiendo una copa grande de vino u otra bebida alcohólica.

29. Me preocupa la siguiente gran catástrofe de mi vida.

30. He sido víctima de abuso, físico o emocional.

31. He experimentado uno o más eventos traumáticos en la vida.

32. Cuando sucede un desastre en el mundo, leo o veo noticias sobre ello de manera obsesiva.

33. Algunas veces siento que no soy real y que la vida es solo una película.

34. Gran parte del tiempo me siento como en una nube, como si estuviera fuera de mi cuerpo.

35. Tengo mucha comezón en la piel.

36. Con frecuencia me siento hinchado y retengo líquidos.

Resultados del cuestionario de Coeficiente de Drama:

• Si respondiste afirmativamente a 27 preguntas o más: **estás muy estresado.**

Tus respuestas indican que es posible que hayas experimentado traumas y ahora te encuentres en un ciclo de drama adictivo. Tienes una profunda necesidad de estar con otras personas; no obstante, la vida de la gente que te rodea es muy dramática, lo cual está afectándote.

• Si respondiste afirmativamente entre 18 y 26 preguntas: **estás estresado.**

Con base en tus respuestas, es probable que te sientas ansioso y tenso la mayor parte del tiempo. Tu estilo de vida es muy estresante y está lleno de situaciones dramáticas en el trabajo y en tus relaciones.

- Si respondiste afirmativamente entre 9 y 17 preguntas: **estás algo estresado.**

  Tus respuestas muestran que hay estrés en tu vida; sin embargo has aprendido a manejarlo de manera saludable.

- Si respondiste afirmativamente a 8 preguntas o menos: **¡resplandeces!**

  ¡Felicidades! Asumiendo que respondiste con honestidad —y estás consciente de tus verdaderos sentimientos—, has reacomodado tu vida en tal forma que padeces un mínimo de estrés y te cuidas muy bien. Ahora, si redujiste la cantidad de "sí" porque no eres consciente de tu nivel de estrés o porque el perfeccionismo hace que niegues la verdad sobre tu vida, entonces tienes un Coeficiente de Drama mayor.

El Coeficiente de Drama es tu disposición a permitir que el estrés maneje tu vida. Como leerás en este libro, tú decides si permites que el estrés entre o no a tu vida.

LAS DECISIONES QUE TOMAMOS

Algunas personas creen que el estrés es algo externo que les pasa a ellas. Pero, una vez que eres adulto y tienes la capacidad de tomar decisiones en cuanto a tu estilo de vida, la verdad es que sí tienes la opción de llevar una vida con poco estrés.

Si esa posibilidad suena aburrida o imposible es señal de adicción al drama. Quizá no seas una persona dramática, pero puedes estar atraída por gente que lo sea. Si es el caso, es posible que sientas que tu vida está estancada porque inviertes tu tiempo en apagar los incendios de la gente a la que quieres. Estás esperando a que llegue el día en que la gente que te importa tenga una vida feliz —y así puedas empezar con la tuya.

Solemos creer que los sucesos dramáticos, igual que el estrés, no son culpa nuestra. Creemos que las situaciones dramáticas nos pasan *a* nosotros, pero no *desde* nosotros. Claro que en algunos casos es así, como cuando un familiar tiene varias experiencias dramáticas.

Sin embargo, hay otras ocasiones en las que claramente somos responsables, por ejemplo:

* Elegir amigos o parejas románticas con personalidades dramáticas.

✳ Enfocarnos en actividades de poca prioridad en lugar de trabajar en lo que nos importa.

✳ Ignorar nuestra sabiduría interior, la que nos advierte que nos alejemos de una persona, comportamiento o situación.

✳ Abusar en el consumo de sustancias que aumentan la ansiedad (como estimulantes, por ejemplo cafeína, nicotina y azúcar) o depresión (como depresivos, por ejemplo alcohol).

✳ No planear con antelación y enfrentarnos a una fecha límite imposible que nos tiene corriendo contrarreloj.

Los anteriores son algunos ejemplos de la manera en que las decisiones personales aumentan el drama en nuestra vida —y ¡apagan nuestra chispa!—. Todos son formas de autosabotaje.

Pero no es tu culpa (además, la culpa no ayuda a nadie ni a nada). Más bien, es una llamada de atención para que hagas trabajo de detective y recuperes tu hermosa chispa y todo lo que implica: felicidad, salud, paz, abundancia y alta autoestima.

En el siguiente capítulo veremos por qué el drama es repelente y atractivo a la vez.

Capítulo dos
¿Por qué parece que los dramas te persiguen?

✳✳

¿Tu vida es como una película dramática que no tiene fin y tú esperas a que llegue un momento de paz para recuperar el aliento?

Si es así, afortunadamente, tú tienes el poder de terminar con todo —o gran parte de— ese drama. Pero primero veamos la base del ciclo de atracción del drama.

El drama y la química cerebral

El cerebro tiene una manera increíble e ingeniosa de crear sustancias químicas que nos aíslan y nos protegen del dolor. El problema es que algunas de esas sustancias químicas se sienten tan bien que se vuelven adictivas.

Vamos al principio. El cerebro estaba programado para ayudar a nuestros antepasados a sobrevivir. Desarrollamos la capacidad de darnos cuenta cuando estaba por suceder algo peligroso o fuera de lo normal. De manera que constantemente observamos o escudriñamos a nuestro alrededor en busca de incidentes fuera de lo normal. Es un mecanismo de autodefensa que nos alerta si necesitamos huir de aquello a lo que nos enfrentamos o pelear contra eso; es la *respuesta de defensa o huida*.

A nivel celular y químico, tu cerebro y tu cuerpo recuerdan si has tenido alguna experiencia traumática en la que has usado la respuesta de defensa o huida.

De igual manera, si durante un trauma te sentiste abrumado, quizá tu reacción fue quedarte pasmado. Te quedaste helado y te sentiste indefenso sin poder ponerte a salvo. Esta respuesta es una antigua reacción instintiva ante un peligro abrumador.

Después del trauma, el sistema de emergencia de tu cuerpo se queda atorado en modo "encendido". El resultado es que exageras ante todo como si fuera un asunto urgente. Entras en pánico cuando en realidad todo está bien.

El sicoterapeuta Pete Walker, autor de *Complex PTSD*, amplió el concepto de las reacciones de defensa, huida y pasmarse e incluyó otra respuesta al trauma, llamada adular. Adular es la acción de tratar de agradar o tranquilizar a alguien para mantenernos a salvo y cubrir nuestras necesidades.

Aquí están las cuatro reacciones ante los traumas:

✳ Lucha: defendernos y resistir al trauma.

✳ Huida: alejarnos del trauma.

✳ Pasmarse: es el equivalente a "hacerse el dormido" para evitar ser detectado y así evitar el peligro. También incluye disociar la conciencia para no ser consciente del dolor.

✳ Adular: tratar de obedecer y agradar a la gente implicada en el trauma (por ejemplo, un padre abusador).

La definición de trauma es diferente para cada persona. Algo que es traumático para ti quizá no lo sea para alguien más.

La mayoría de los investigadores definen al trauma como una experiencia en la cual crees que vas a morir, te sientes completamente indefenso o estás horrorizado por completo.

Un trauma es algo que te desorienta y te desorganiza de manera repentina y total. Es una experiencia que te provoca un miedo mortal de manera que ya no te sientes seguro en el mundo.

Como mencioné en el capítulo anterior, entre los traumas se encuentran:

* Muerte repentina e inesperada de un ser amado (incluyendo mascotas).
* Divorcio —tuyo, de tus padres, de otros seres amados.
* Abuso —físico o emocional (incluyendo abandono).
* Enfermedad grave.
* Que tu vida se vea amenazada.
* Mudanza.
* Accidente.
* Parto de riesgo.
* Dificultades financieras.
* Acoso y provocaciones dolorosas.
* Terminar una relación con un amigo.
* Perder tu trabajo.
* Vandalismo y disturbios públicos.
* Relaciones abusivas.
* Perder la fe en Dios y/o la religión.
* Cirugía.
* Abortar.
* Asuntos legales.
* Encarcelamiento.
* Guerra o servicio militar.
* Perder tu hogar.
* Ser víctima de un crimen.
* Desastre natural (terremoto, huracán, inundación, etcétera).
* Experimentar o ser testigo de violencia.

* Cualquier cosa que altere tu sensación de seguridad y previsibilidad.

Mientras más traumas hayas vivido, más *hipervigilante* te vuelves y escudriñas a tu alrededor, siempre alerta por si hay peligro. La antigua parte de tu cerebro encargada de notar hechos fuera de lo común se atora en modo "encendido".

Esto significa que estás asustadizo, nervioso, preocupado y ansioso... esperando a que se presente el siguiente trauma. Piensas que el peligro está al acecho, a la vuelta de la esquina, y es difícil que te concentres en tu trabajo, estudios o cualquier cosa "ordinaria".

Tu ansiedad crónica desgasta tus sistemas nervioso e inmunológico y reduce tu felicidad. Al esperar que pase lo peor, quizá estás atrayéndolo, o creándolo, de manera inconsciente.

Los investigadores han descubierto que las personas que han sufrido traumas son más reactivas al estrés que la gente que no los ha padecido. Una vez que padeces un trauma...

* ...las situaciones que para los demás parecen insignificantes, para ti son un gran reto.
* ...tienes fuertes reacciones físicas y emocionales, como pánico, enojo y miedo.

✳ ...el sistema de activación de tu cerebro está siempre en alerta (a menos de que tomes medidas saludables, como las que leerás en este libro).

Además, la negatividad evita que te des cuenta de tu sistema interno de advertencia (intuición). Todos tenemos la capacidad de sentir y evitar el peligro. De manera que, aunque estés siempre pendiente, sin saberlo sigues experimentando traumas porque estás desconectado de tus presentimientos, los cuales te previenen de situaciones peligrosas.

La adicción al drama

Los estudios del Dr. Bessel van der Kolk (considerado el abuelo de la investigación sobre el trauma) muestran que el cuerpo es capaz de adecuarse a su entorno, de manera que las situaciones que alguna vez fueron incómodas y dramáticas se vuelven emocionantes y placenteras. Escribió:

> Este ajuste gradual señala que se ha establecido un nuevo equilibrio químico dentro del cuerpo... Igual que con la adicción a las drogas, empezamos a ansiar la actividad y experimentamos abstinencia cuando no la tenemos. A la larga, la gente se preocupa más por el dolor de la abstinencia que por la actividad misma (Van der Kolk, 2014).

De manera similar, apostar se vuelve adictivo porque se activa la hormona del bienestar, la dopamina, en situaciones inciertas. Con los juegos de apuestas nunca sabes el momento en que jalar la palanca de la máquina tragamonedas te dará dinero y excitación. Así que *sigues* jalando el brazo de la máquina tragamonedas.

La adicción a las situaciones dramáticas es idéntica a la adicción por el juego en el sentido de que se libera dopamina en respuesta a la expectación de una posible recompensa. Cuando existe la percepción de peligro, la hormona del estrés crea un entusiasmo placentero.

Adicción a las hormonas del estrés

Si creciste en un hogar lleno de drama, dicha energía te parece familiar e incluso cómoda. Es lo que conoces e incluso puedes sentir que eres capaz de controlarla y predecirla.

Algunos teóricos creen que la adicción a las situaciones dramáticas se deriva de haber sido víctima de descuido durante la infancia. Si hacer un drama era la única manera en que recibías atención por parte de tus padres, este patrón se repite en la edad adulta.

Además, las situaciones estresantes en la casa, la escuela y el trabajo crean patrones adictivos de hormonas y sustancias químicas. Por ejemplo, si te exigiste mucho para sobresalir en la escuela, tu cuerpo y tu cerebro se acostumbraron a los altos niveles de adrenalina, cortisol e histamina.

Las hormonas del estrés son secretadas en respuesta al peligro percibido. Te dan bienestar con beneficios como claridad de pensamiento, mayor energía e incluso fuerza extraordinaria (todos hemos escuchado historias de madres menudas que fueron capaces de levantar un coche para salvar a sus hijos).

Esta sensación de súper poderes se vuelve adictiva de la misma manera en que las personas comienzan a depender de la cafeína para sentir que tienen energía. Nadie necesita cafeína o adrenalina, pero la creencia de lo contrario crea una dependencia sicológica, además de los antojos físicos.

La gente que se vuelve adicta a los químicos del estrés, como adrenalina, cortisol e histamina, padece síntomas de abstinencia cuando la vida fluye tranquila y sin peligro. El aburrimiento se presenta y, de manera inconsciente, dramatizan las cosas para obtener la emoción de la adrenalina.

Las hormonas del estrés son útiles en situaciones peligrosas de defensa o huida porque nos permiten actuar rápidamente y ponernos a salvo. Pero, si las hormonas están en flujo constante debido a la percepción de que la vida *siempre* es peligrosa, los resultados incluyen estrés en el sistema inmunológico, presión arterial y ritmo cardiaco altos, acné, problemas de digestión, obesidad y disminución de la libido.

Las personas adictas a las hormonas del estrés se enfrentan a la vida como si fuera un reto peligroso. Constantemente intentan ganarle al reloj, ir de prisa, lograr más y superar a la competencia.

Existe un sinfín de procesos metabólicos involucrados en las respuestas al estrés. No obstante vamos a revisar las principales hormonas del estrés que nos impactan de manera negativa. A continuación te presentamos un resumen:

• **Adrenalina**, también conocida como epinefrina, es una hormona y un neurotransmisor. La producen las glándulas adrenales, que son las dos glándulas del tamaño del pulgar localizadas arriba de los riñones, cerca de la espalda baja. La adrenalina es producida en respuesta al miedo y activa al sistema nervioso simpático, lo cual significa que estimula al cuerpo a que actúe huyendo o defendiéndose del aterrador adversario. La adrenalina hace que el corazón lata más rápido, sin embargo, demasiada adrenalina durante demasiado tiempo puede originar enfermedades cardiacas.

• **Cortisol** es una hormona esteroidea producida por las glándulas adrenales. En situaciones de estrés, el cortisol aumenta el nivel de azúcar en la sangre para tener más energía, suprime al sistema inmunológico y se asegura de que los alimentos consumidos se almacenen en forma de grasa alrededor del estómago. Es una respuesta primaria ante el estrés porque, en tiempos antiguos, el drama solía anteceder a la hambruna. El cortisol también aumenta el apetito, en especial de azúcar. El exceso de cortisol disminuye la producción de colágeno, razón por la cual el estrés provoca arrugas. También contribuye a la obesidad y a la osteoporosis.

Un estudio de 2015 descubrió que las personas que presentan síntomas postraumáticos mostraron un aumento en el funcionamiento de la memoria cuando sus niveles de cortisol eran altos. Sucede lo contrario en el caso de personas que no padecen síntomas postraumáticos. Lo anterior puede significar que *la gente que ha padecido traumas se volvió adicta al cortisol* porque estimula la respuesta cognitiva, por lo menos en cuanto a memoria se refiere.

Los niveles de cortisol y de otras hormonas del estrés también aumentan en personas cuyos matrimonios se caracterizan por la negatividad. Esto crea adicción al drama de las discusiones y los conflictos matrimoniales (junto con la disminución del funcionamiento inmunológico y la sanación de heridas).

Varios estudios han examinado los niveles de cortisol de personas que han padecido traumas. En una revisión global de dichos estudios llevada a cabo en 2006, se descubrió que los niveles de cortisol de la gente que ha padecido traumas son más bajos que los de la población en general. En particular, las mujeres que presentan traumas por abuso físico (incluyendo abuso sexual) tienen niveles de cortisol mucho más bajos.

Aunque el cortisol es una hormona del estrés adictiva que contribuye a comer en exceso y a otros problemas, tener niveles anormalmente bajos también es perjudicial. De manera que, aquellos que padecen estrés postraumático y bajos niveles de cortisol no tienen protección hormonal para el sistema inmunológico. Es un equilibrio; los niveles de cortisol no deben ser demasiado altos ni demasiado bajos.

• **Histamina** es un neurotransmisor producido por los mastocitos y los leucocitos en respuesta a los alérgenos. La liberación de histamina desencadena reacciones alérgicas como inflamación, hinchazón, urticaria, comezón, secreción nasal, lagrimeo, estornudos y escozor. El mareo también es producto de altos niveles de histamina.

Pero la histamina no es la mala de la película, pues promueve que estemos alerta. Sin embargo, si producimos o ingerimos demasiada histamina, padecemos insomnio y ansiedad. El exceso de histamina afecta a los pulmones, causa falta de aliento y puede desencadenar un ataque de pánico; también produce hipervigilancia, un síntoma postraumático.

El consumo en exceso de azúcar, chocolate, nicotina, cafeína y otros estimulantes aumenta la producción de adrenalina, cortisol e histamina. En la adicción al drama también participan las sustancias químicas que producen sensación de bienestar: *dopamina, serotonina* y *oxitocina*.

Cuando se trata de sustancias del cerebro y del cuerpo, todo es cuestión de equilibrio. Los niveles demasiado altos o demasiado bajos de cualquier sustancia química alteran a todo el sistema.

SÍNDROME DE BURNOUT

El *Síndrome de Burnout*, conocido también como de desgaste profesional, se refiere a la gente que padece agotamiento y depresión crónicos y menor interés en el trabajo o en la vida en general.

Los estudios muestran que el desgaste aumenta los niveles de las hormonas del estrés, lo cual afecta a la salud cardiovascular y aumenta el peso corporal.

Las personas que experimentan el Síndrome de Burnout presentan una importante reducción en la memoria a corto plazo y el periodo de atención. Solemos pensar que el desgaste se relaciona con el trabajo, a una persona que labora durante largas horas; que solo realiza esa actividad por el dinero y no porque le apasione, o que no está a gusto con la competencia o las políticas de su trabajo.

El modelo de este fenómeno, presentado por la Dra. Geri Puleo, investigadora pionera sobre el tema, muestra que aquellas personas propensas al desgaste son las "estrellas" de la compañía. Es la gente que sobresale, que está motivada y se ofrece como voluntaria para realizar tareas adicionales. Después se enoja y se frustra cuando sus esfuerzos no son recompensados como merece. Esto lleva a la apatía y a la disminución del entusiasmo por el trabajo. La apatía es el precedente al desgaste.

Otro estudio descubrió que las personas diagnosticadas con Síndrome de Estrés Postraumático, SEPT, también son propensas a padecer Síndrome de Burnout, pero no sucede a la inversa (la gente que padece Síndrome de Burnout no necesariamente tiene SEPT).

Algunas veces, el desgaste incluye frustración y depresión, la persona se siente agotada de la vida y con constantes decepciones, que suelen ser resultado de un trauma no resuelto que conduce a la adicción al drama y al estrés.

Un estudio demostró que tener un sistema de creencia espiritual protege contra el desarrollo del Síndrome de Burnout —algo que los científicos llaman "efecto Madre Teresa" (Newmeyer *et al.*, 2014).

HIPERVIGILANCIA

Las víctimas de abuso infantil desarrollan hipervigilancia como herramienta de supervivencia. Sintonizar con el estado de ánimo de los padres les ayudaba a evitar provocarlos o aumentar su enojo. El aumento en los niveles de histamina también desencadena hipervigilancia. Esto provoca el efecto de "adular", del que hablamos antes, y desarrollan habilidad para complacer a la gente, en donde usan un falso frente para calmar a los padres.

AGRADAR A LA GENTE

La gente que creció "caminando con pies de plomo" para evitar discusiones familiares tiene problemas para reconocer esta tendencia en la edad adulta. Va de puntitas en sus relaciones para evitar conflictos. Le aterra hacer que alguien se enoje o se decepcione de ella. Se preocupa por los sentimientos de la otra persona más que por los propios.

A manera de herramienta de supervivencia, se desarrolla un foco externo para percatarse del estado de ánimo de los demás. El Dr. Peter Levine describe que las gacelas perciben el peligro cuando un solo miembro de la manada se sobresalta. Cuando una gacela corre porque percibió peligro, la sigue el resto de la manada. Él supone que los humanos somos iguales.

Levine dice que los humanos percibimos de manera intuitiva cuando alguien está de mal humor. Por instinto evitamos a la gente enojada porque podría atacarnos. También de manera inconsciente percibimos cuando el lenguaje corporal indica que la persona tiene miedo, porque el miedo es señal de que nosotros también deberíamos huir del peligro (Levine, 2010).

Así que, darnos cuenta del estado de ánimo de los demás nos mantiene a salvo. Aunque también puede evitar que detectemos nuestros propios pensamientos y sentimientos. Nos fijamos tanto en los otros que no nos preguntamos, ¿cómo me siento en este momento?

Además, quienes tienen un foco externo son más propensos a sucumbir a la "impotencia aprendida". Es un estado mental en el cual te deprimes porque te sientes atrapado, como si no hubiera escapatoria. Quienes poseen un centro de control interno —cuando crees que estás a cargo de tu destino— tienen menos propensión a desarrollar depresión basada en la impotencia aprendida.

ABURRIMIENTO

La hipervigilancia también implica que te aburres con facilidad. Una persona que constantemente observa el horizonte por si hay peligro está alerta ante las condiciones anormales. Cualquier cosa nueva es señal de que algo no está bien. Revisa otra vez todo lo que está estable o es normal.

Así que con la hipervigilancia estás en busca de la novedad. Cuando las cosas siguen igual, la vigilancia no obtiene recompensa. Buscas y vuelves a buscar algo fuera de lo normal como señal de peligro, pero solo ves la misma situación que viste ayer.

Entonces es cuando entra el aburrimiento, porque todo el esfuerzo de vigilar constantemente en busca de peligro no da recompensa. El aburrimiento es parte de la adicción al drama y se basa en ser un sobreviviente del trauma. Entonces, la hipervigilancia hace que alteres las cosas para tener algo nuevo sobre lo cual enfocarte. Cuando la vida está en calma, la volteas de cabeza.

> **EL ABURRIMIENTO ES PARTE DE LA ADICCIÓN AL DRAMA Y SE BASA EN SER UN SOBREVIVIENTE DEL TRAUMA.**

DIFICULTADES DE CONCENTRACIÓN

La gente que ha sufrido traumas suele tener dificultades de aprendizaje, como problemas con la memoria y la concentración. Los sobrevivientes del trauma se distraen con facilidad, por lo tanto, tienen dificultades para terminar las tareas.

Los investigadores creen que la hiperactivación nos hace menos propensos a darnos cuenta de los detalles o recordarlos. Nuestro alrededor se vuelve borroso. Además, nos distrae estar constantemente pendientes de que pase algo emocionante o peligroso.

Las dificultades de concentración están relacionadas a problemas para dormir, en especial el insomnio, que surgen por la hipervigilancia. La persona que padece insomnio siempre está alerta, lo cual aumenta los niveles de hormonas del estrés y el ritmo cardiaco, y activa al sistema nervioso simpático.

Una de las funciones de la histamina, liberada como respuesta al estrés, es asegurarse de que estemos despiertos. Estos procesos hacen que la relajación y el sueño se dificulten.

Déficit de atención por traumas

Existen muchas similitudes entre el criterio para diagnosticar el desorden de déficit de atención y el desorden por estrés postraumático. Ambos incluyen dificultades de aprendizaje y concentración además de agitación, falta de atención, impulsividad, desorden del sueño, memoria deficiente, estallidos de ira, impaciencia, adicciones, ansiedad y baja autoestima.

La diferencia principal es la hipervigilancia, que es particular de la gente que ha padecido traumas y no es parte del espectro del comportamiento del déficit de atención. Como recordarás, la hipervigilancia es el proceso de observar constantemente el ambiente que nos rodea por si existe un peligro potencial.

Otra diferencia es la tendencia a la retrospección o *flashback* en el caso de quienes padecieron traumas, pues los reviven en pesadillas durante el sueño y la vigilia.

La mayoría de los tratamientos del déficit de atención no lo relacionan a los traumas del pasado. Puesto que el tratamiento de cuestiones postraumáticas es diferente que el tratamiento para el déficit de atención, es importante tener en cuenta los antecedentes de trauma del individuo. En la segunda parte de este libro leerás las últimas recomendaciones para tratar cuestiones postraumáticas relacionadas con la atención.

IMPULSIVIDAD Y ADICCIONES

En las personas que han padecido traumas es recurrente la necesidad de gratificación inmediata. Es imperativo bloquear el dolor, en especial cuando se considera que la situación es una crisis de peligro (aunque no lo sea en realidad). Los sobrevivientes de los traumas ven todos los problemas como una crisis de peligro, por lo que la gente considera que están exagerando.

Los investigadores han descubierto fuertes tendencias impulsivas en los sobrevivientes de traumas, como comer en exceso, atiborrarse de comida y el consumo adictivo de alcohol y drogas. Comprar de manera compulsiva también es común en el caso de la gente que intenta esconder sus sentimientos y obtener aprobación social por medio de las compras.

La impulsividad puede provocar autolesiones y suicidio entre los sobrevivientes de traumas. Los investigadores creen que autolesionarse es una manera de expresar enojo y dolor. Es una manera de pedir ayuda por parte de alguien que no sabe cómo pedirla directamente o aceptarla.

REVICTIMIZACIÓN

Por desgracia, las investigaciones han confirmado que la gente que ha sido abusada es más propensa a ser "revictimizada" y padecer episodios adicionales. Un estudio con jóvenes abusados y traumatizados descubrió que eran significativamente más propensos a experimentar abuso subsecuente. En especial en el caso de los niños que exhiben mucho enojo. La buena noticia del estudio es que los niños con amigos comprensivos eran menos propensos a padecer revictimización.

*   *   *

La adicción al estrés y al drama apaga tu chispa y más adelante veremos maneras efectivas para que puedas sanar. Por el momento seguiremos explorando este paradigma.

Si el tema te hace sentir incómodo, tómate tu tiempo para leer estas páginas, pues si has padecido algún trauma, tu hipervigilancia puede dificultar que te concentres.

La hipervigilancia es uno de los síntomas del síndrome conocido como desorden por estrés postraumático o reacción por estrés postraumático, que examinaremos en el siguiente capítulo.

Capítulo tres
Reacción por estrés postraumático

✳✳

Cuando pensamos en el Desorden por Estrés Postraumático, DEPT, solemos pensar en soldados que tienen pesadillas de batallas, pero esto solo es una parte del espectro del DEPT. Como hemos visto antes, la experiencia del trauma de cada persona es diferente.

La mayoría de las personas está familiarizada con el término DEPT, sin embargo, prefiero uno diferente acuñado por algunos investigadores —REPT, que significa *Reacción por Estrés Postraumático*—. La verdad es que no se trata de un *desorden* neurótico —es una *reacción* comprensible al trauma—. La palabra desorden supone que eres anormal, definición que resulta desalentadora.

> **REPT** NO ES UN *DESORDEN*, ES UNA *REACCIÓN*
> **COMPRENSIBLE AL DRAMA.**

Si padeces síntomas por estrés postraumático, no estás descompuesto y no pasa nada malo contigo; estás adaptándote a circunstancias abrumadoras y sobrellevándolas.

Por esa razón voy a usar el término Reacción por Estrés Postraumático y REPT. Si tienes REPT significa que desarrollaste una reacción de supervivencia con base en la experiencia de un trauma.

Además, los estudios muestran que puedes desarrollar *Estrés Postraumático Secundario*, EPS, por escuchar o presenciar eventos traumáticos. De manera que si tu papá te contó detalladamente sus experiencias en la guerra, por ejemplo, es posible que tengas EPS como resultado de ello, en especial si estás obsesionado por cómo la vivió.

De manera similar, un niño padece estrés postraumático secundario si su madre tiene REPT y es introvertida, no muestra cariño ni otras emociones o evita salir de la casa (síntomas de REPT).

Los investigadores han encontrado síntomas en aquellas personas que ven noticias o videos sobre terrorismo, guerras y desastres naturales. Así que, si te quedas pegado a la televisión viendo videos sobre lo sucedido el once de septiembre o algún otro desastre, es posible que tengas EPS por esa experiencia.

> LOS INVESTIGADORES HAN ENCONTRADO EVIDENCIAS
> DE REPT EN PERSONAS QUE *VEN* NOTICIAS O VIDEOS
> SOBRE TERRORISMO, GUERRAS Y DESASTRES NATURALES.

Al parecer, la mente inconsciente no es capaz de distinguir entre un trauma que te sucede a ti o a alguien más. Los estudios muestran que la hormona del estrés, el cortisol, aumenta en respuesta a ver películas emocionalmente dolorosas. Esto enfatiza la importancia de discernir al ver noticias, películas o televisión.

SÍNTOMAS POSTRAUMÁTICOS

Muchas personas que han padecido traumas minimizan lo sucedido. Quizá se dicen a sí mismas "No fue *tan* terrible". Esto se llama *supervivencia evasiva*, es decir, tratan de evitar enfrentarse a recuerdos dolorosos minimizando el impacto que tuvieron en ellas.

Sin embargo, si presentas estos síntomas, la verdad es que el trauma *sí* te afectó… y hay esperanzas de que sanes. ¡*Sí puedes* recuperar tu chispa!

Los siguientes son los síntomas asociados a los traumas:

✳ Pesadillas o *flashbacks* recurrentes (recuerdos vívidos) del evento o eventos traumáticos (pueden ser recuerdos completamente emocionales o implicar vista, sonidos y olores).
✳ Incapacidad de eliminar el miedo.

* Molestarse por algo que despierta recuerdos dolorosos.

* Sentirse emocionalmente bloqueado y separado.

* Pérdida del interés de actividades y relaciones que alguna vez fueron importantes.

* Depresión.

* Sentirse inseguro.

* Ansiedad.

* Irritabilidad.

* Pánico.

* Hiperactivación (sentir que todo es una crisis o emergencia).

* Insomnio y trastornos del sueño.

* Dificultades para concentrarse.

* Disociación, sentir que no estás dentro de tu cuerpo.

* Pérdida de memoria.

* Problemas crónicos en relaciones.

* Adicciones.

* Comportamientos obsesivo compulsivos.

Estos síntomas pueden ser mecanismos normales de soporte y duelo a corto plazo. Sin embargo, si los síntomas continúan un mes después, es indicativo de REPT. Los investigadores dicen que las mujeres son dos veces más propensas a desarrollar REPT y son especialmente susceptibles si han tenido una experiencia sexual dramática.

Para recibir un diagnóstico clínico de desorden por estrés postraumático, los terapeutas utilizan listas de sondeo como la Escala Diagnóstica de Estrés Postraumático (PDS, por sus siglas en inglés). El diagnóstico de DEPT es seguro si los pacientes tuvieron una experiencia traumática en la que se sintieron aterrados o indefensos y han estado teniendo pesadillas, *flashbacks* recurrentes o reviviendo el evento; se han sentido aislados y han estado evitando a sus seres queridos y sus rutinas habituales; y se sienten más ansiosos e hipervigilantes después del evento traumático.

Según un estudio: "Basado en la quinta edición del *Manual diagnóstico y estadístico de los desórdenes mentales*, existen 636 120 maneras en las que un individuo puede calificar para ser diagnosticado con Desorden por Estrés Postraumático (DEPT)" (Di Mauro *et al.*, 2014). Otro estudio concluyó que la mayoría de la gente experimenta por lo menos un trauma en el transcurso de su vida y una cuarta parte de ella desarrolla síntomas de estrés postraumático.

Mientras que todos los tipos de trauma pueden ser devastadores, los síntomas resultantes pueden ser diferentes.

REPT POR ANSIEDAD Y DISOCIATIVA

Los científicos han encontrado diferencias neurológicas reales en personas que presentan *flashbacks* crónicos y otros síntomas de REPT. Los instrumentos que miden la función cerebral muestran que las personas que padecen REPT presentan una actividad inusual en el lóbulo temporal derecho, el área que se cree que está asociada con los recuerdos de las situaciones traumáticas.

Por medio del uso de imágenes con escáneres, los científicos han descubierto dos modelos diferentes de respuestas de REPT:

• **REPT por ansiedad**. El primer tipo de respuesta cerebral se encuentra en quienes padecen ansiedad y miedo crónico después del trauma. Este tipo de REPT activa los centros límbicos del cerebro, asociados con la hipervigilancia y los miedos por ansiedad.

• **REPT disociativa**. Es el tipo de respuesta REPT cerebral menos común; la gente que ha padecido traumas se aturde y se disocia. Este mecanismo de defensa incluye:

    ✳ *Despersonalización* (sensación de que no eres real). Separar la conciencia como manera de escapar de un trauma que no puedes evadir se traduce en disociación. La conciencia se separa de tu cuerpo para que no seas consciente del sufrimiento.

    ✳ *Desrealización* (sensación de que el mundo no es real). Decidir que la situación traumática no está sucediendo en realidad también reduce la experiencia del dolor. Sin embargo, después del trauma, la disociación suele continuar. El resultado es que la persona no está completamente presente en el aquí y el ahora.

La respuesta disociativa está correlacionada a ser más vulnerable a traumas, fobias e ideas suicidas repetidos, así como a personalidad *borderline* o límite. Más adelante discutiremos diferentes formas de sanar la disociación para que disfrutes del momento presente.

Es muy probable que conozcas gente con ambas formas de REPT. Las personas del tipo ansioso son inquietas y suelen estar malhumoradas y las del tipo disociativo son olvidadizas y desorientadas. Es posible que estas características *te* describan también. Estos son síntomas de haber padecido traumas y, una vez que son reconocidos y entendidos, *es posible* sanarlos.

Consecuencias de la REPT en el cuerpo y el cerebro

Un importante indicador de que alguien padece REPT es la incapacidad para contener el miedo, esto es, que no tiene la capacidad de manejar el miedo como lo haría alguien que no está afectado por el REPT. Sientes miedo de manera más intensa y a un nivel más profundo. Presentas una respuesta de sobresalto exagerada y entras en pánico a menudo, convencido de que todo es una crisis.

> UN IMPORTANTE INDICADOR DE QUE ALGUIEN PADECE REPT ES LA INCAPACIDAD PARA CONTENER EL MIEDO.

CEREBRO

Los traumas cambian los patrones del cerebro de manera que siempre está en alta velocidad, con la consecuente ansiedad e hiperactivación. La REPT afecta a la amígdala, la parte del cerebro que responde al miedo. La ansiedad constante te agota y conduce a la depresión y fatiga, en una intensa montaña rusa de estados de ánimo y niveles de energía.

Las diferencias cerebrales también determinan si tienes más propensión a desarrollar REPT. En estudios realizados con soldados de combate, los que desarrollaron REPT tenían un hipocampo significativamente pequeño (la parte del cerebro implicada en la memoria y la orientación en el mundo físico), en comparación con los que no desarrollaron REPT.

Los científicos se preguntaron si la REPT causaba que el hipocampo redujera de tamaño o si tener un hipocampo más pequeño nos hace más susceptibles a la REPT. De manera que hicieron estudios con gemelos idénticos, uno de los gemelos había estado en el ejército y el otro no (Gilbertson *et al.*, 2002). En estos estudios con gemelos, sin importar si uno había participado en combate o no, cuando había presencia de REPT, el hipocampo era significativamente más pequeño.

Los estudios han descubierto atrofia (encogimiento) del hipocampo en personas que han padecido estrés durante mucho tiempo. Afortunadamente, el hipocampo puede restablecerse una vez que se elimina el agente que ocasiona el estrés, excepto en los casos de quienes experimentaron traumas en la infancia.

Entonces, el trauma afecta al hipocampo y tener un hipocampo pequeño te vuelve más vulnerable ante los síntomas de la REPT y ante la depresión.

Además, los que padecieron abuso en la infancia presentaron diferencias genéticas. Los científicos descubrieron que ciertos genes "se apagan" para ayudar al niño a resistir una situación de abuso.

De manera que la sicología de la REPT es muy diferente en adultos que vivieron abuso de pequeños en comparación a los que no lo vivieron, pero que desarrollaron REPT en la edad adulta. Quizá se deba a que muchos adultos tienen mayor sensación de ser capaces de escapar del abuso que los niños, los cuales están atrapados y son dependientes si los abusadores son las personas que los cuidan.

Después de un trauma a la edad que sea se reduce el número de vías neuronales entre el sistema límbico (relacionado a los sentimientos) y el córtex cerebral (que maneja el pensamiento y el conocimiento). Así que después de sufrir un trauma estamos menos conscientes de nuestros sentimientos.

El cerebro cambia como mecanismo de supervivencia… como si fuera un escudo que nos protege de un trauma doloroso. Aunque, cuando este mecanismo nos aísla durante mucho tiempo después de que el trauma ha terminado, se presentan los problemas.

Cuerpo

No sanar después de un trauma es perjudicial. Los estudios muestran que el conteo de leucocitos, linfocitos y células-T de la gente con diagnóstico de DEPT es anormalmente alto, lo cual sugiere que el trauma afecta al funcionamiento normal del sistema inmunológico.

Es una razón más por la que es esencial…

✳   …discernir siempre que tengas la opción de evitar traumas adicionales (como ver películas sobre desastres).

✳   …alejarte de las relaciones llenas de drama.

✳   …tomar medidas para sanar cualquier síntoma postraumático que hayas desarrollado.

Afortunadamente, en este libro encontrarás investigaciones sobre medidas efectivas de sanación.

REPT COMPLEJA O DESNOS

Cuando alguien ha experimentado estrés traumático continuo del cual no ha podido escapar, es posible que desarrolle *Desorden por Estrés Postraumático Complejo* (DEPT-C) o *Reacción por Estrés Postraumático Complejo* (REPT-C). El diagnóstico siquiátrico oficial es *Trastorno por Estrés Postraumático Extremo no Especificados de otra manera* (DESNOS, por sus siglas en inglés). Un ejemplo de trauma continuo son los niños que sufren abuso crónico (físico, verbal y/o sexual) o que son descuidados (física o emocionalmente) y no tienen a dónde ir ni a quién pedirle ayuda.

Estas situaciones dan como resultado cambios complejos en la capacidad del individuo de hacerles frente. La gente atrapada suele reprimir la ira hacia sus captores y descargarla en sí misma con adicciones autodestructivas y que adormecen las emociones. El trauma complejo da como resultado una autoestima extremadamente baja porque la persona siente vergüenza por sus experiencias.

Además, los estudios muestran que un niño de once años o menos que experimenta un trauma continuo es más propenso a desarrollar problemas relacionados al estrés postraumático complejo. Quienes lo padecen en la edad adulta (como encarcelamiento, un matrimonio abusivo o un empleo donde son presionados) también pueden desarrollar síntomas traumáticos complejos, pero no con tanta frecuencia como quienes padecieron traumas durante la infancia.

El sicoterapeuta Pete Walker, autor de Complex PTSD, identificó los siguientes síntomas principales del trauma continuo:

* **Flashbacks emocionales**: en lugar de recuerdos visuales, se tienen regresiones repentinas a los sentimientos que experimentaste durante el trauma.
* **Culpa tóxica**: sensación abrumadora de culpa y desprecio por uno mismo provocado por el abuso físico y verbal crónicos.

Casi todos hemos sufrido traumas —por lo menos un trauma secundario— dada la forma inmediata en que los

videos y las imágenes de los eventos desastrosos llegan a
nosotros por Internet y la televisión.

La pregunta es: ¿cómo *te han afectado los eventos traumáticos?* No
toda la gente desarrolla síntomas postraumáticos, pero para
la gente que sí, la vida se vuelve una espiral interminable
de drama y estrés.

En el siguiente capítulo veremos que la dieta puede ser un
factor para revivir o menguar tu chispa.

Capítulo cuatro
Adicción e intolerancia a la histamina

Si se te antojan los alimentos fermentados como crema agria, queso, vinagre balsámico, vino tinto, pepinillos, yogurt y tofu, es probable que tengas intolerancia a la histamina… y adicción a la histamina.

Los mastocitos son las células del cuerpo que producen histamina, un neurotransmisor, como respuesta a los alérgenos, al clima frío, al estrés, al drama y a los traumas.

La histamina también está presente en la mayoría de los alimentos y bebidas, pero algunos contienen grandes cantidades. Los alimentos fermentados, soya, alcohol, carne curada, quesos añejos y vinagre están repletos de histamina.

Hay algunos alimentos que no la tienen en grandes cantidades, pero son liberadores de histamina. Esto significa que la presencia de dichos alimentos es un irritante que provoca que los mastocitos liberen histamina en una reacción alérgica. Otros alimentos bloquean la producción o efectividad de una enzima llamada *diamino oxidasa*, la cual metaboliza la histamina. Esos alimentos reciben el nombre de "bloqueadores de DAO".

Imagina que dentro de ti hay una cubeta con la etiqueta CUBETA DE HISTAMINA. Mientras no se desborde, todo está bien. De hecho, necesitamos histamina para tener buena salud.

Cada vez que te encuentras un alérgeno, como ciertas sustancias químicas, contaminación del aire o situaciones estresantes, aumenta el nivel de la cubeta de histamina. Si tu vida está llena de estrés y drama, es muy probable que tu cubeta de histamina esté muy llena.

Cuando ingieres alimentos que contienen grandes cantidades de histamina, la cubeta comienza a desbordarse. Y es cuando experimentas síntomas dolorosos. Frecuencia cardiaca irregular, hinchazón, dolor de cabeza, comezón en la piel, sudoración excesiva, bochornos, sensación de frío y secreción nasal son solo algunos de los síntomas de *intolerancia a la histamina*.

Si la cubeta de histamina de tu cuerpo está llena porque estás en contacto con polen, caspa, estrés, drama y otros detonantes y además consumes mucha soya, comida fermentada, pepinillos y alcohol, entonces se "desbordará". Muchas mujeres desarrollan intolerancia a la histamina durante la menopausia.

La intolerancia a la histamina es diferente de la alergia, por lo tanto, las pruebas de alergia comunes no la detectan. Algunos alimentos contienen histamina y otros reciben el nombre de "liberadores de histamina" porque provocan que el cuerpo libere histamina. En el caso de la gente intolerante a la histamina, los resultados son los mismos con alimentos ricos en histamina y alimentos liberadores de histamina.

Los siguientes son algunos alimentos y bebidas con alto contenido de histamina o que provocan la producción de histamina (liberadores de histamina o bloqueadores DAO):

Aguacates

Alcohol (especialmente vino tinto)

Algarrobas

Alimentos fermentados

Arándanos

Azúcar, refinada (miel y jarabe de maple no son problema)

Berenjenas

Café y cafeína

Canela

Carne añeja y curada

Cátsup

Champiñones

Chocolate

Cítricos

Claras de huevo

Col y chucrut

Colorantes de alimentos

Comida sobrante*

Conservantes

Duraznos

Espinacas

Fresas

Frutas secas con azufre, como dátiles; manzanas y mangos deshidratados, sin azufre y sin endulzantes no son problema.

Jitomates

Levadura

Moluscos

Mostaza

Nueces (excepto nueces
de Macadamia)

Papaya

Pepinillos y productos
en escabeche

Pescado ahumado

Pesticidas y alimentos
modificados
genéticamente (OMG)

Piñas

Plátanos

Quesos

Semillas (excepto semillas de
chía)

Soya y salsa de soya

Sulfitos

Té negro

Tofu

Trigo

Vinagre

Yogur

*Mientras más tiempo pasa antes de consumir un producto (aunque esté refrigerado) desarrolla más bacterias y se produce más histamina.

Algunos alimentos con contenido de histamina relativamente bajo:

Aceite de oliva (sin vinagre)

Albahaca

Arroz integral, orgánico

Avena, orgánica

Azúcar de maple, orgánica

Carne fresca de ganado y
aves alimentados con

hierba (excepto carne de
cerdo)

Cúrcuma

Hojas verdes (excepto
espinacas)

Kale, orgánica*

Mangos, orgánicos

Manzanas frescas y orgánicas
Melón
Miel
Nueces de Macadamia,
  crudas y orgánicas
Pescado fresco, capturado en
  medio silvestre
  (excepto moluscos)
Quinoa

Semillas de cáñamo
Semillas de chía
Uvas
Verduras orgánicas (excep-
  to frijoles**, berenjena,
  soya y espinacas)

*Algunos investigadores aseguran que la *kale,* aunque no contiene histamina, puede ser liberadora de histamina en el cuerpo. Guíate por tu propia experiencia. Este tipo de col es fuente excelente de proteínas y fibra, de manera que si la toleras sin presentar síntomas, es recomendable que la incluyas en la dieta.

**La soya y los frijoles rojos tienen alto contenido de histamina, pero otros tipos de frijol son "moderados" en contenido de histamina y algunas veces se dice que son "seguros" para incluirlos en una dieta baja en histamina. Las reacciones de tu cuerpo al consumir frijoles te darán la pauta. Si presentas reacciones alérgicas a los frijoles (atiborrarte de comida, comezón, estornudos, hinchazón, etcétera) es señal de que tienen demasiada histamina para tu metabolismo. Yo me guío por el cuadro de alimentos del *Swiss Interest Group Histamine Intolerance* (SIGHI), la página web es www.histaminintoleranz. ch/en, y la información está en alemán, inglés y francés.

Histamina y la adicción a la comida

Si la mayoría de tus alimentos favoritos está en la lista de productos con alto contenido de histamina, no eres el único. Gran parte de la comida casera participa en el ciclo de alergia-adicción a la histamina. Mira, tendemos a atiborrarnos de comida a la que somos alérgicos. De manera similar, los alérgicos al alcohol tienden a beber en exceso. Ansiamos la euforia de los químicos que contienen estos alimentos y bebidas y de los que libera nuestro cuerpo como reacción a ellos.

> **Nos atiborramos de comida
> a la que somos alérgicos.**

El proceso funciona así: se libera histamina en respuesta a los alérgenos. Esto aumenta el ritmo cardíaco y tiene un efecto similar al de la adrenalina. Los investigadores han identificado que el cerebro libera opioides (sustancias químicas adictivas presentes en la heroína y la morfina) cuando ingieres alimentos con alto contenido de grasa y azúcar. Pero cuando la sensación desaparece se te antoja comer más de esos alimentos para alcanzar la misma euforia.

Si tu producción de histamina ya es alta debido a la exposición al estrés y la contaminación, entonces consumir productos con alto contenido de histamina provoca síntomas dolorosos. Secreción nasal, piel irritada, arritmia y dolores de cabeza son solo algunos de los problemas que surgen a partir de llevar un estilo de vida con mucha histamina.

Los investigadores concluyen que los síntomas mejoran si reduces la ingesta de histamina y tus niveles de estrés. Un estudio aseguró lo siguiente: "...se ha desestimado la existencia de la intolerancia a la histamina" (Maintz y Novak 2007).

Otro estudio realizado a 4000 personas que se atiborraron de comida precisó que los alimentos más adictivos son: azúcar, grasa, harina, trigo, endulzantes artificiales y cafeína —¡*solo alimentos que contienen altos niveles de histamina!*

Los estudios muestran que la gente que come en exceso, los alcohólicos y los adictos a las drogas presentan un descenso en cantidad y sensibilidad a receptores D2 de dopamina. Este estudio condujo a la conclusión de que la adicción a la comida y otras sustancias es un intento por aumentar la sustancia química cerebral del bienestar: la dopamina. Es hambre de felicidad y deseo de brillar.

Proteínas en una dieta baja en histamina

El consumo diario recomendado de proteínas en una persona promedio es de 0.36 gramos por libra de peso —es decir, alrededor de 56 gramos para hombres y 46 gramos para mujeres (más sí están embarazadas o en periodo de lactancia).

Si eres vegetariano o vegano, probablemente estés acostumbrado a obtener las proteínas por medio del consumo de legumbres, incluyendo soya o nueces. Existen controversias y contradicciones en cuanto a qué alimentos son ricos en histamina y cuáles no. No obstante, hay acuerdo en cuanto a que el escabeche, el vinagre y los alimentos curados tienen un alto contenido. En cuanto a las legumbres, como frijoles y vainas, los niveles de histamina varían.

El cuerpo reacciona si eres intolerante a la histamina relacionada al consumo de frijoles. Te recomiendo que evites consumir frijoles de soya y rojos y veas qué tal toleras otras variedades.

Si consumes proteínas animales procura no comer comida añeja, ahumada casera, moluscos y queso debido a su alto contenido de histamina. Puedes aumentar el consumo de proteínas bajas en histamina al comer mucha *kale*, brócoli, arroz integral y nueces de Macadamia. Revisa la ingesta de *kale*, pues algunas personas presentan respuestas alérgicas porque es liberadora de histamina.

* De cada 100 calorías de *kale* (6 onzas/170 gramos) obtienes 8.77 gramos de proteínas.

* De cada 100 calorías de brócoli (10 onzas/280 gramos) obtienes 8.35 gramos de proteínas.
* De cada 100 calorías de arroz integral cocido (¾ de taza) obtienes 3.7 gramos de proteínas.
* De cada 100 calorías de nueces de Macadamia (0.5 onzas/15 gramos) obtienes 1.2 gramos de proteínas.

Sin importar la fuente, las proteínas son proteínas. La *American Dietetic Association* asegura que, con una buena planeación, es posible obtener proteínas suficientes a partir de una dieta vegetariana o vegana.

BRÓCOLI, LA VERDURA SANADORA

El brócoli no solo es bajo en histamina, sino que proporciona muchos beneficios para la salud. Los estudios muestran que el brócoli:

* Es un agente antiinflamatorio, lo cual reduce la inflamación en el cuerpo.
* Tiene propiedades anticancerígenas para disminuir el riesgo de padecer cáncer.
* Es relativamente alto en proteínas.
* Frena la osteoporosis y ayuda contra la artritis.
* Ayuda al sistema inmunológico.
* Contribuye a la salud ocular.

* Mejora la salud renal.
* Protege y sana al corazón.
* Es rico en fibra dietética.

El brócoli es un ingrediente versátil que puede prepararse al vapor, asado, salteado y en sopa. También es delicioso acompañado de arroz, otro alimento con bajo contenido de histamina.

INTOLERANCIA A LA HISTAMINA

La intolerancia a la histamina suele ser síntoma de un estilo de vida con mucho estrés, lo cual hace que nos atiborremos de alimentos y bebidas con alto contenido de histamina para tranquilizarnos.

Algunas veces, la intolerancia a la histamina es resultado de condiciones médicas que se asocian a la inhibición de la diamina oxidasa (DAO). La DAO es una enzima que metaboliza a la histamina. Algunos medicamentos bloquean la liberación de DAO. Para ayudar al proceso de la histamina puedes comprar suplementos alimenticios de DAO, sin embargo, ten en cuenta que algunos están fabricados con cerdo.

El germinado de chícharo y los chícharos de semillero son una fuente vegana natural de DAO nutritiva. Aunque los chícharos tienen un contenido de histamina relativamente alto, hay personas que los toleran sin presentar síntomas. Si es tu caso, son una excelente fuente baja en grasas de proteínas (8 gramos por taza).

En ausencia de una condición médica, la gente que padece síntomas de histamina presenta sobrecarga de histamina: demasiado drama, demasiado alcohol y demasiados alimentos fermentados.

Ya hemos visto las reacciones físicas y sicológicas al estrés, el drama y los traumas, ahora veamos las soluciones. En la segunda parte del libro examinaremos los métodos de sanación respaldados por estudios científicos y los remedios tradicionales.

Segunda parte

Cómo recuperar tu chispa

Introducción a la segunda parte
Equilibrio del yin y el yang

La chispa es tu brillo interior, el cual surge de manera natural al entusiasmarte por la vida. Piensa en un niño feliz, riendo y siendo él mismo. Ese niño resplandece igual que tú cuando recuperas tu brillo interior.

La chispa nunca se apaga, pero puede opacarse conforme la atención del niño se centra más en el exterior. A medida que aumenta la presión para que saque buenas calificaciones, que obtenga aprobación, que compita por tener atención y pertenecer, la atención del niño se centra menos en ¿cómo me siento? y más en ¿cómo puedo obtener recompensas externas? Pasa así sobre todo cuando el niño ha experimentado un trauma o tiene estrés traumático secundario por los traumas de sus padres.

Cuando somos adultos dejamos de percatarnos de nuestra retroalimentación interior que nos indica: cuidado, estás cansado y estresado, ¡necesitas descansar! Pasamos por alto estos mensajes interiores y seguimos exigiéndonos más allá del cansancio, los miedos y el estrés. Y es cuando las hormonas del estrés se quedan atoradas en máxima velocidad y afectan al peso, el apetito, la salud y la personalidad.

El concepto "¡más rápido, compite, gana cueste lo que cueste!", pertenece a la energía *yang*, que es masculina. La energía *yin* es femenina. Ambas son igual de importantes para la energía radiante. La clave es entender el lado oscuro y el lado brillante de las energías yang y yin.

Toda energía es parte de un eje con extremos opuestos. Por ejemplo, "hambriento" y "satisfecho" son los dos polos de un continuo llamado *apetito*. "Caliente" y "frío" son los extremos del continuo *temperatura*, etcétera.

En las energías yang masculina y yin femenina, los extremos del continuo son yang "brillante", y yang "oscuro", y yin "brillante" y yin "oscuro". "Brillante" se refiere a las cualidades que se consideran positivas y "oscuro" a las características consideradas negativas. "Brillante" es reconfortante y "oscuro" es conflictivo.

MÁS LUZ ES IGUAL A MÁS CHISPA

Tu chispa interior es luz Divina pura y naciste con ella. Para que tu chispa brillante resplandezca —y que tus cualidades yin y yang sean "brillantes" y reconfortantes— es esencial que te sumerjas en energía de luz.

Lo anterior significa evitar personas o situaciones principalmente cargadas de yang oscuro o comportamientos yin. (En la tercera parte de este libro profundizaremos más en las relaciones).

En los siguientes capítulos vamos a discutir estilos de vida para que aumente la cantidad de luz en tu vida.

No dejes que nada opaque tu chispa

Cualidades Yang Brillantes (Masculinas)	Aspectos de Energía Yang Oscuros (Masculinos)	Cualidades Yin Brillantes (Femeninas)	Aspectos de Energía Yin Oscuros (Femeninos)
Motivado	Competitivo	Criador	Celoso
Entusiasta	Propenso a men-	Dulce	Narcisista
Servicial	talidad de caren-	Compasivo	Vanidoso
Optimista	cia (creer que no	Comprensivo	Hipócrita
Activo	hay suficiente	Alegre	Ensimismado
Feliz	para todos)	Magnánimo	Posesivo
Heroico	Enojado crónico	Atento	Frío
Exitoso	Irascible	Amable	Amargado
Inspirador	Adicto	Receptivo	Indiferente
Honesto	Mandón	Agradecido	Superficial
Altos principios	Grosero	Suave	Culposo
morales	Pesimista	Creativo	Creerse con
Confiable	Desconsiderado	Artístico	derecho
Respetado	Inquieto	Amoroso	Ruidoso
como líder	Explotador	Tranquilo	Cohibido
	Violento	Generoso	Nervioso
	Mordaz	Paciente	Resentido
	Terminante	Flexible	Ansioso
	Acusador	Dotado de	Superficial
	Ansioso de	habilidad	Inseguro
	poder	para sanar	Pasivo o pasi-
	Insensible	Centrado en sus	vo-agresivo
	Mentiroso	relaciones	Chismoso
	Castigador	Organizado	Manipulador
	Sarcástico		Reservado
	Controlador		Perfeccionista
	Obsesionado con		Aislado
	tener más		Irritable
	Crítico		
	Severo		
	Deshonesto		

Capítulo cinco
Elimina el estrés de tu vida

✳✳

Algunas veces, nuestra vida está llena de drama debido al miedo de que la paz es aburrida. Los medios de comunicación refuerzan esta creencia con todos los programas y películas llenas de conflictos y dramas.

Lo descubrí personalmente cuando los productores de tres cadenas diferentes de televisión se pusieron en contacto conmigo para participar en un *reality* sobre mi trabajo con los ángeles. Después de que me entrevistaron y me grabaron junto con mi familia, los tres dijeron lo mismo: "Tu vida es demasiado tranquila. Nadie vería un programa de televisión sin dramas ni peleas. La tranquilidad aburre". Incluso, uno de ellos nos pidió que fingiéramos una pelea, pero nos negamos. Si los productores piensan así, no me sorprende que haya tanta violencia en la tele y en las películas.

¿Por qué asociamos el drama con el entretenimiento? Se debe a la adicción a las sustancias químicas del estrés como adrenalina, cortisol e histamina. La emoción generada por el estrés que acelera al corazón nos hace sentir vivos…

solo durante un momento, ya que después nuestra energía disminuye igual que una subida de azúcar antecede a un descenso de energía. Recuerda que los estudios muestran que estos químicos se elevan aunque la situación estresan - te que presenciamos esté sucediéndole a alguien más, como en un programa de televisión o película dramáticos.

> EL ESTRÉS QUE ACELERA AL CORAZÓN NOS HACE SENTIR
> VIVOS... SOLO DURANTE UN MOMENTO, YA QUE DESPUÉS
> NUESTRA ENERGÍA DISMINUYE IGUAL QUE UNA SUBIDA DE
> AZÚCAR ANTECEDE A UN DESCENSO DE ENERGÍA.

La adrenalina, el cortisol y la histamina nos dan un aumento repentino de energía, mayor conciencia y una emoción que acelera el corazón. El problema es que dichas reacciones corporales son tan tóxicas que pueden provocar enfermedades graves y adicciones. Y por si no fuera suficiente, el cortisol nos hace sentir insaciablemente hambrientos y hace que nos salgan arrugas —o sea, ¡que el estrés hace que nos veamos viejos y gordos!

> EL CORTISOL NOS HACE SENTIR INSACIABLEMENTE
> HAMBRIENTOS Y HACE QUE NOS SALGAN ARRUGAS
> —O SEA, ¡QUE EL ESTRÉS HACE QUE NOS VEAMOS
> VIEJOS Y GORDOS!

También equiparamos al drama con el entusiasmo debido al condicionamiento de la educación en ambientes estresantes, incluyendo los salones de clases. Solemos aceptar algo con lo que nos sentimos cómodos, aunque se trate de una condición perjudicial, porque es perecible y lo entendemos.

Como alguien que ha vivido tanto en un ambiente estresante y de locos como en un ambiente tranquilo y de paz interior, puedo decirte que la excitación tranquila de la paz nos da más felicidad. Estar en paz no significa que estés todo el día sentado con las piernas cruzadas y los ojos cerrados repitiendo un mantra. Puedes estar en paz incluso participando en actividades muy estimulantes. La diferencia es que no estás enloquecido ni estás volviendo locas a otras personas con esa energía nerviosa de miedo o ansiedad.

¿Alguna vez has estado un rato con alguien muy ansioso? ¡Es difícil y consume tu energía! Obviamente no es divertido estar con alguien que siempre está esperando a que pase lo peor. Y, por tu bien y por el bien de la gente que te rodea, tú tampoco quieres ser esa persona.

DE CULPARTE A QUERERTE

Sentir que no vales o que no eres digno de ser amado y asumir que los demás te rechazarán son síntomas de traumas. En especial si durante la infancia temprana padeciste abuso, abandono o rechazo.

La falsa suposición de que hicimos algo mal y nos merecemos un castigo hace que nos culpemos por el trauma. Claro que es una creencia equivocada y lamentable, sin embargo, es así como los sobrevivientes de traumas organizan el recuerdo de las experiencias dolorosas.

Estos sentimientos provocan *impotencia aprendida*, un término sicológico que significa rendirse sin intentarlo siquiera, del cual hablé en el capítulo dos. La impotencia aprendida puede causar depresión, cuando deja de importarte lo que te pasa. Quieres modificar tu vida pero parece un esfuerzo en vano porque dudas que algo pueda cambiar.

Los siguientes procesos pueden ayudarte:

* **Un paso a la vez:** pensar que tienes que hacer mucho es abrumador, sin embargo, es más fácil pensar en hacer una sola cosa en este momento. Concéntrate en lo que estás haciendo ahora y el futuro se encargará de lo demás.

* **Sana, no sientas vergüenza:** enfrentarte a tus problemas es una forma de sanarlos, y no castigarte por ellos. Es como si pelaras una cebolla: todos tenemos problemas en los que debemos trabajar, una capa a la vez.

* **Olvídate de los diagnósticos:** evita identificarte como una persona destrozada. En lugar de decir "soy ansioso" usa una frase menos personal,

como "Me siento ansioso". La palabra *soy* te iden-
tifica con la condición, lo cual hace que sea más
difícil de sanar; *me siento* implica que es una condición temporal y no tu identidad.

DEL PESIMISMO AL OPTIMISMO

Ser pesimista y esperar lo peor es un síntoma postraumático. Es una forma equivocada de protegernos de futuras
decepciones, sin siquiera intentarlo o tener esperanzas.

El pesimismo te da permiso de ni siquiera tratar de
hacer algo que te dé satisfacción o salud. Decides antes
de tiempo que no tiene caso esforzarte por bajar de peso,
escribir un libro, terminar la escuela, perseguir tu sueño.
De hecho, la frase favorita del pesimismo es: "soñar no
cuesta nada" —como si fuera una locura soñar con un
mejor mañana—. Si tu ayer fue terriblemente doloroso, ¿por
qué *tendrías* que esperar que hoy o mañana fueran mejor?

Es un círculo vicioso porque, si no intentas mejorar tu
condición, entonces nada va a mejorar... y lo más probable
es que las cosas empeoren debido a tu negligencia.

Hay personas que creen que está padre ser pesimistas
porque les da un aire de indiferencia, de *me vale*. Pero estos
pesimistas "padres" se quedan atrás, mientras que los op-

timistas salen al mundo para divertirse y explorar. Muchos estudios muestran los beneficios del optimismo, como mayor bienestar, mayor capacidad de hacer frente a las enfermedades y mejor calidad de vida.

Darle la vuelta al pesimismo exige que tengas un atisbo de cuidado por ti, tu salud y tu felicidad. Piensa en una planta que para crecer necesita nutrientes, agua, luz del sol y cuidados. ¡Igual que tú! De hecho, atender una planta te crea el sano hábito de cuidar, y puede contagiarse a la manera en que te tratas.

A continuación tienes algunas formas de ser más optimista:

* Ve películas biográficas sobre gente que logró tener éxito a pesar de todas las adversidades que tenía en contra.
* Haz una lista (escrita o mental) de las veces en que las cosas te salieron bien.
* Abstente de químicos depresivos, como el alcohol, que disminuyen el entusiasmo de intentar algo nuevo y positivo.
* Evita gente que sea crónicamente negativa, pues la negatividad es contagiosa.
* Sé una combinación de optimista/pesimista. No tienes que ser optimista ante todo. Una actitud *más* positiva te ayudará a equilibrar la negatividad.

❋   Proponte entablar amistad con alguien que conscientemente esté mejorando su vida. Sal con gente que hace realidad sus sueños y te lleve con ella. ¿Te preocupa que no te acepten? Piensa esto: a la gente exitosa le encanta enseñar y orientar a los demás, en el entendido de que seas amable y agradecido con ella.

❋   Agradécete y date crédito por tus logros, pequeños e importantes. Los optimistas lo hacen en automático y tú puedes adoptar este buen hábito.

Cómo callar el ruido de tu cabeza

El parloteo negativo de tu cabeza puede llevarte a adicciones en un intento por callar el ruido. El parloteo mental es una forma interna de drama. Algunas personas usan ruido extra, como poner música a todo volumen, para tratar de amortiguar el parloteo.

Sin embargo, la música ruidosa (en especial si la letra es agresiva) aumenta los pensamientos y los sentimientos de miedo, enojo, ansiedad y paranoia. La música suave —por lo general, llamada de "meditación", "relajación", "naturaleza", "spa" o "yoga"— silencia el parloteo y te permite concentrarte en la tarea que tienes delante.

Un estudio descubrió que la música para meditación redujo los niveles de cortisol mientras los participantes se involucraban en una actividad estresante. En el mismo estudio, los que escucharon *heavy-metal* presentaron aumento en los niveles de cortisol.

Quizá te preguntes: *¿pero, y si me quedo dormido mientras escucho música para meditar?* Esta cuestión representa la voz de la mente miedosa, pues parte de la mente traumada tiene miedo de estar tranquila; cree que el miedo te mantiene a salvo porque siempre estás en guardia, pendiente del peligro.

De manera que la mente miedosa piensa en todas las posibilidades violentas y situaciones preocupantes que puedan presentarse. La mente miedosa —algunas veces llamada "ego"— cree que la hipervigilancia es la manera adecuada de estar preparado para un desastre inevitable. Es el mismo estado mental que se fascina con las escenas violentas de las películas, programas y juegos... y la realidad.

La mente miedosa te convence de que identifiques a los malos y lo que se traen entre manos para que no seas víctima de sus conspiraciones. La mente miedosa también se obsesiona con noticias sobre terrorismo, accidentes y plagas, y te susurra: *eso también puede pasarte.*

Las peleas mentales, imaginar encuentros agresivos con otras personas o escenas violentas no son *flashbacks* ni retrospecciones, se llaman *flash-forward*; piensas que el futuro será tan violento como el pasado, o más.

> **TENER MIEDO DEL FUTURO NO ES UN** *FLASHBACK*
> **POSTRAUMÁTICO. ES UN** *FLASH-FORWARD*, **EN DONDE ESTÁS**
> **ESPERANDO —Y POSIBLEMENTE CREANDO—**
> **UN FUTURO PEOR QUE EL PASADO.**

Sin embargo, estar alerta, hipervigilante y paranoico no es la manera de permanecer a salvo. Esos hábitos temerosos en realidad se roban tu seguridad, porque el miedo ha secuestrado a tu mente. Tu cuerpo está vivo, pero no vives con plenitud si día y noche estás obsesionado con que te pasan cosas malas.

Luchar contra los pensamientos temerosos es como echar gasolina al fuego. Aquello a lo que te *resistes, persiste*. Mejor dale la vuelta, pasa por debajo y por encima del miedo con la ayuda de las medidas comprobadas que presento en este libro, incluyendo la desintoxicación del drama que te explico en la siguiente sección y las técnicas de los próximos capítulos. Muchísimos estudios afirman que el yoga, la meditación, la respiración, los aceites esenciales, la espiritualidad, la Desensibilización y el Reprocesamiento por Movimientos Oculares (EMDR, por sus siglas en inglés) y la terapia cognitiva reducen los pensamientos temerosos.

En caso de que estés preocupado por tener que hacer todo lo anterior al mismo tiempo para mejorar tus patrones de pensamiento, te aviso que no es así. La verdad es que *cualquier* paso que des en el camino positivo y saludable te será más útil que estresarte por tener que llevar a cabo *todos* los pasos al mismo tiempo y de manera perfecta (de lo que te convencerá la mente temerosa y perfeccionista).

DESINTOXICACIÓN DEL DRAMA

Lo bueno de la desintoxicación es que puedes tomarla como un recurso temporal, de manera que la tiranía de la mente miedosa no te discutirá el tener que renunciar para siempre a algo adictivo. Después de llevarla a cabo tendrás la fuerza mental y emocional para convertirla en un compromiso para toda la vida.

Solemos asociar la palabra desintoxicación con la eliminación de químicos dañinos de la dieta. De manera tradicional, desintoxicación significa abstenerse de beber alcohol, fumar, consumir azúcar, café y otras drogas. Pero, si eres adicto al estrés de tu cuerpo y tu mente y los químicos del placer, entonces la palabra toma un significado diferente.

Como leíste en la primera parte, hay estudios científicos que demuestran que durante situaciones estresantes se liberan cortisol, dopamina, histamina y adrenalina. Mientras más estresante o dramática es la situación, el cuerpo y el cerebro se llenan más de químicos adictivos.

También sabemos que el cuerpo tiene tolerancia a cierta cantidad de histamina. La analogía es una cubeta que solo puede contener cierta cantidad de histamina antes de derramarse. Cuanto más estrés y drama hay en tu vida, la cubeta de histamina más se llena. La contaminación, los químicos, el alcohol, la cafeína y los alimentos encurtidos aumentan la cubeta de histamina. Cuando se desborda se presentan síntomas alérgicos molestos como hinchazón, comezón, secreción nasal e irritabilidad.

Entonces, la desintoxicación del drama implica reducir los niveles de estrés. Igual que cualquier otro tipo de desintoxicación, requiere que te abstengas de manera consciente de la droga —en este caso, del adictivo drama—. Ya conoces los patrones del drama que desencadenan sentimientos de estrés.

CINCO PASOS PARA DESINTOXICARTE DEL DRAMA

1. Elige una fecha para empezar tu Drama Detox. Escríbela en tu agenda y añádela al calendario de tu teléfono celular.

2. Decide cuánto va a durar tu Drama Detox. Sé realista para no decepcionarte. Al principio, un buen periodo de desintoxicación es de tres días. Si todo va bien puedes aumentar el tiempo.

3. Haz una lista de los patrones del drama de los que estás dispuesto a abstenerte. Por ejemplo, puedes decidir abstenerte de uno o más de los siguientes estresantes:

✳ Ver películas o programas de TV estresantes.

✳ Leer noticias estresantes.

✳ Interactuar con "amigos" estresantes de medios sociales.

✳ Asociarte con gente que detona el drama en ti o a tu alrededor.

✳ Gastar de más (las deudas son estresantes).

✳ Tener demasiados compromisos en tu agenda (estar demasiado ocupado es estresante).

✳ Abusar del alcohol o drogas.

✳ Jugar videojuegos violentos.

✳ Escuchar música agresiva.

✳ Consumir alimentos y bebidas con alto contenido de histaminas.

✳ Consumir cafeína, nicotina u otros estimulantes que producen ansiedad.

✳ Decir que sí cuando en realidad quieres decir que no.

✳ Posponer las cosas y retrasarte.

✳ Leer revistas de chismes sobre los artistas (alientan la adicción al drama).

4. Una vez que empieces con la desintoxicación, hazlo minuto a minuto. Esto significa que te centres en tus comportamientos en el momento presente en lugar de preocuparte por la abstinencia de mañana. Repite: *En este momento decido abstenerme de* _____ (describe el agente estresante del que vas a desintoxicarte). Revisa cómo te sientes durante la desintoxicación en comparación con la manera en que te sentías durante los momentos dramáticos.

5. Ten planes alternativos para los momentos en que ansíes el drama. Al principio, todas las adicciones implican manejar las ansias por algo. Para evitar una recaída es muy importante que tengas comportamientos sanos de reemplazo, como:

※ Llamar a un amigo en quien confíes, un consejero o un padrino de doce pasos.

※ Llevar un registro de cómo te sientes en un diario o documento de Word en la computadora (así puedes borrarlo más tarde para mantener tu privacidad).

※ Cambiar el estrés por estiramientos (acuéstate en el piso sobre un tapete para hacer yoga y ve una clase de yoga en *YouTube*).

※ Salir a caminar a la naturaleza o hacer jardinería.

※ Acurrúcate con tu mascota.

※ Hacer algo artístico y creativo.

※ Hacer una actividad espiritual (como rezar, meditar o ir a reuniones espirituales).

※ Sacar cosas que no te sirvan y donar lo que no uses.

✳   Escuchar música relajante.

✳   Tomar un baño caliente con sales de mar.

✳   Ir a que te den un masaje.

Como puedes ver, hay muchas actividades saludables para reemplazar el drama —¡y son mucho más satisfactorias que el drama!—. Sé paciente durante el proceso de reemplazar viejos antojos que no son sanos por tu nuevo estilo de vida saludable. Todo progreso que tengas en dirección hacia tu salud es positivo y debes sentirte muy bien por ello.

DISPARADORES POSTRAUMÁTICOS

Si algo te recuerda a un trauma, es muy probable que lo dispare. Es entonces cuando experimentas síntomas por estrés postraumático y pierdes el sentido de ti mismo.

Un detonante puede ser "generalizado", es decir, que algo te recuerda al trauma aunque no haya formado parte del trauma en sí. Un estudio sobre disparadores postraumáticos concluyó: "la memoria traumática puede ser almacenada de manera tal que un estímulo neutral que vagamente se asemeje a alguna característica del evento traumático es suficiente para disparar el recuerdo" (Kostek *et al.*, 2014).

Es importante conocer tus disparadores personales para que entiendas qué sucede cuando tus niveles de estrés comiencen a elevarse. Aunque, si te centras demasiado en identificar tus disparadores puedes provocar dolor emocional adicional. Así que, por favor respeta este equilibrio.

Los disparadores pueden ser externos, como algo que ves, hueles o escuchas que te recuerda al trauma. Un disparador externo puede ser un lugar o una persona al que asocies con el trauma. Cuando estás sanando, lo mejor es evitar, en la medida de lo posible, los disparadores externos.

Los disparadores también pueden ser internos, lo que suele referirse a un sentimiento que te recuerda la manera en que te sentías antes o durante el trauma. Los disparadores como la tristeza, el enojo, el miedo o la soledad hacen que recurras a las adicciones para adormecerlos.

Otros disparadores internos son los "patrones de pensamiento", o sea, crees que algo negativo está a punto de suceder. Por ejemplo, crees que la gente está enojada contigo (cuando en realidad no es así). Esa creencia puede ser un disparador para que actúes de maneras perjudiciales. También, de forma inconsciente, puedes tener ideas negativas y hacer que tus miedos se vuelvan realidad.

Los disparadores son patrones de pensamientos y sentimientos arraigados (pueden ser viscerales e involucrar el sentido del olfato). Van más allá de la lógica y llegan directo al sistema nervioso, el cual reacciona como si el trauma estuviera sucediendo en ese preciso momento. Algunas veces, el proceso es inconsciente pero si te esfuerzas puedes comenzar a notar los patrones disparadores para empezar a sanarlos.

Sé consciente de los disparadores pero no tengas miedo de encontrártelos. Mejor memoriza una lista de maneras saludables de manejar el estrés como "levantarme del escritorio y caminar durante diez minutos" o "estirar los brazos y la espalda para soltar esos sentimientos".

CUIDADO CON LOS Y SI

A veces nos atoramos en una espiral infinita pensando en el pasado porque estamos analizando lo que pasó. Es muy fácil rumiar el trauma, deseando que hubiéramos actuado de otra manera para crear un resultado diferente.

Obsesionarte con los "y si" (*¿y si hubiera pasado esto otro?*) es una forma de culparte y castigarte que no sirve de nada y es perjudicial.

Es bueno aprender de los errores para no repetirlos, pero no es productivo aferrarte a la culpa y la vergüenza. No olvides que, si sufriste abuso durante la infancia, tú no hiciste nada malo para causarlo. Ningún niño merece sufrir abuso, punto.

El remordimiento es cuando te culpas a ti mismo por algo que hiciste o dejaste de hacer. No es lo mismo que ser responsable. El remordimiento es una creencia y un sentimiento penetrantes. La responsabilidad es un proceso de pensamiento y una conclusión.

La vergüenza es cuando sientes que hay algo inherentemente malo sobre ti. Te avergüenzas de los defectos que percibes en ti. Si te sientes avergonzado es posible que te aísles; te anticipas al rechazo, de manera que ni siquiera intentas socializar.

La culpa y el remordimiento opacan tu chispa. Se roban el brillo y el color de la vida. Es esencial reemplazarlos con percepciones más adecuadas y también más saludables.

> **LA CULPA Y EL REMORDIMIENTO OPACAN TU CHISPA. SE ROBAN EL BRILLO Y EL COLOR DE LA VIDA.**

Tú no estás mal. Si te equivocaste, no hay necesidad de castigarte constantemente. Además, castigarte no sirve para deshacer el pasado. Lo que sí sirve en el presente y el futuro es que des pasos saludables para marcar una diferencia positiva en tu vida y en la de los demás.

TU RELACIÓN CON EL TIEMPO

Una fuente de estrés tiene que ver con cómo percibes y manejas el tiempo. ¿Qué tan frecuentemente te molestas porque ya se te hizo tarde o se acerca la fecha límite y estás retrasado? La presión del tiempo es una importante fuente de estrés. La impuntualidad crónica también genera problemas en las relaciones.

El cerebro bajo estrés se centra más en sobrevivir y reaccionar y menos en planear y crear. Con estrés crónico, el cerebro aprende —y se reprograma— para centrarse solo en sobrevivir y reaccionar. Tiene dificultades para conectar el área dedicada a hacer planes para el futuro.

Las constantes urgencias de tiempo pasan factura a tu cuerpo, tu cerebro y tus emociones. Los siguientes son algunos patrones de urgencias de tiempo y maneras de terminar con ellas:

• **Buscar aprobación:** la disposición mental de "Tengo que hacerlo todo ahora o voy a tener problemas o algo malo va a pasarme" se debe al deseo de validarte o tranquilizar a una figura de autoridad real o imaginaria. Esto suele derivarse de la infancia en la que todo el tiempo tratabas de ganar la aceptación de tus padres. Como adulto, puedes transferir el deseo de obtener aprobación exterior a un deseo sano de aprobarte a ti mismo. Lo anterior se logra dando pasos positivos adecuados, como trabajar con tranquilidad en lugar de tratar desesperadamente de ganarle la carrera al reloj.

• **Forzarte:** si descubres que comienzas una oración con las palabras "Tengo que…" detente y pregúntate por qué estás haciéndolo así. ¿Por qué estás presionándote? Es señal de que tu alma está rechazando lo que haces, y eso no es sano. Puedes meditar y llegar al punto en donde estés feliz realizando determinada actividad, hacer cambios en cuanto a la manera en que la tomas (modificar la rutina de trabajo para que sea agradable, por ejemplo) o dejar de hacerla por completo.

• **Indecisión:** pensar: "no sé si hacer esto o hacer esto otro", hace que te sientas atorado. El dilema existencial de tener que tomar decisiones relacionadas a la forma en que pasamos el tiempo es motivo de luchas y angustia interiores. No olvides que no tomar una decisión es lo mismo que tomarla, pues si no la tomas, estás decidiendo quedarte en la situación presente. Algunas veces, la vida te pide que tomes una decisión antes de estar listo. Haz tu mejor esfuerzo y haz lo que tu alma te dicte.

• **No planear con antelación:** parte de la adicción al drama es retrasarte hasta que tienes encima una cita o una fecha límite. ¿Esperas al día de Navidad para comprar los regalos o empiezas un reporte la noche anterior a la fecha de entrega? Son ejemplos de cómo estresarte sin necesidad. Planear con antelación es un hábito que reduce en gran medida tus niveles de estrés. Una forma de planear es dividir una tarea grande en pequeños pasos y acomodarlos en un calendario. Cuando escribo uso este método para cumplir con mis fechas de entrega.

• **Estresarte para impresionar:** ¿trabajas como loco para ganar dinero suficiente para comprar cosas de marca? ¿A quién quieres impresionar? Este es un hábito perjudicial y estresante que se deriva del deseo de ser amado. Además, el caerle bien a la gente por lo que tienes genera un sentimiento vacío. Deseas y mereces que te amen por lo que eres, así que empieza amarte a ti mismo y lleva una agenda más tranquila y pacífica.

• **Ser un mártir:** ¿te sientes resentido e irritable porque tienes que hacer todo solo? Esta es una señal tóxica y estresante de que necesitas: (a) simplificar tu vida para que no estés quejándote de todo lo que tienes que hacer; y/o (b) delegar tareas y pedir a los demás que te ayuden.

• **Centrarte en el futuro:** después de un trauma es natural que te sientas preocupado de que vuelva a ocurrir algo doloroso. Sin embargo, si te obsesiona el miedo de sufrir posibles traumas en el futuro, estás perdiéndote el gozo del momento. Esto es parte de la disociación postraumática, en donde pierdes la conciencia presente de ti mismo. Respirar profundamente es una manera fácil y eficaz de volver a conectarte con el presente. Haz una inhalación profunda y exhala completamente. Sé consciente de tu ritmo cardiaco. Sé consciente de si estás cómodo o no. ¿Qué ves y escuchas en este momento? Concentrarte en los sentimientos actuales y en los estímulos externos te ayudará a centrarte en el aquí y el ahora. Esto te dará el poder de sentirte más confiado sobre tu presente y tu futuro.

DETÉN EL CICLO ESTRÉS-DRAMA

Nuestra chispa puede opacarse cuando no disfrutamos de nuestra propia compañía. Cuidarnos bien, como hacer yoga y comer sanamente, nos ayuda a amarnos y valorarnos.

Cuidar de uno mismo es esencial, pero si no te valoras a ti mismo entonces no te tomas tiempo para ti. Está bien. Al principio será útil dar pasos pequeños.

Por ejemplo, sé consciente de la tensión en tus mandíbulas, hombros, estómago o cualquier otra parte de tu cuerpo. Si notas que hay tensión relacionada con el estrés, deja de hacer lo que estés haciendo, aléjate y dedícate a actividades positivas para cuidarte.

Es igual cuando sientes que el corazón se te acelera debido al pánico relacionado al estrés. Deja de hacer lo que estés haciendo, aléjate y date unos minutos para hacer una (o todas) de las siguientes actividades positivas para cuidarte:

* ✳ Cierra los ojos, inhala profundo y exhala despacio.
* ✳ Si tienes alguna orientación religiosa o espiritual, di una oración.
* ✳ Estira los brazos y cualquier parte del cuerpo que sientas tensa.
* ✳ Escribe lo que sientes y lo que piensas en este momento.
* ✳ Pide un abrazo a alguien en quien confíes; acaricia a tu perro o gato.

Si sueles sentir ansiedad, es posible que sea un síntoma postraumático. Como ya hemos visto, la dieta también aumenta la ansiedad. Recuerda que dar pasos para cuidarte, como estos o cualquiera de los mencionados en este libro, te ayudará a recuperar la chispa que se deriva de la paz interior.

En el siguiente capítulo veremos medidas naturales que puedes tomar para sentirte más tranquilo y feliz.

Capítulo seis
Come para recuperar tu chispa

✳✳

Según un estudio científico, las personas que han experimentado traumas son más propensas a comer en exceso, a comer botanas que no son saludables y a no hacer ejercicio. Además, suelen comer cuando están nerviosas o sensibles y cualquier tipo de estrés en su vida puede aumentar su apetito aún más.

Por si fuera poco, cuando la gente aumenta de peso es objeto de lo que los científicos llaman "Estigma de la Obesidad" (COBWEBS, por sus siglas en inglés). Esto significa que una persona con sobrepeso es víctima de prejuicios, bromas, exclusión y rechazo. El estrés generado por el ostracismo social crea una respuesta de cortisol en el cuerpo. Esta hormona aumenta el apetito, por lo que la persona come más y sube de peso. Es un ciclo que puede ocasionar soledad, depresión, agorafobia y enfermedades.

Afortunadamente, el ciclo COBWEBS *puede* ser reconocido y sanado.

Los investigadores han estudiado la relación entre la reacción por estrés postraumático en adolescentes y adultos —incluyendo a las personas que participaron en guerras— y el presentar un aumento de apetito por comida no sana y vulnerabilidad por el abuso de sustancias. Por ejemplo, descubrieron que solo el 12.5 por ciento de los veteranos de guerra tenía un peso corporal saludable. El resto tenía obesidad clínica o mórbida (Smith, 2009).

Los que abusan de manera crónica de la comida, alcohol o medicamentos suelen ser sobrevivientes de traumas. Como mencioné antes, la tesis de mi doctorado y mi libro *Losing Your Pounds of Pain* se centran en la relación entre el abuso sufrido en la infancia y el desarrollo de algún desorden alimenticio.

Además, las personas que experimentaron traumas suelen desarrollar impulsividad. De manera que comen, beben y fuman de forma impulsiva en lugar de considerar las consecuencias a largo plazo.

En la gente que ha experimentado traumas, parte del exceso de peso puede atribuirse a la respuesta de la hormona del estrés y al neurotransmisor, puesto que la gente bajo estrés suele atiborrarse de comida a la que es alérgica. Y el ciclo alérgico, a su vez, hace que se sienta más hambrienta, más ansiosa y experimente hinchazón y aumento de peso. En el capítulo cuatro vimos que ciertos alimentos contienen grandes cantidades de histamina. En resumen, esos alimentos hacen que tu cuerpo tenga reacciones alérgicas, en particular si estás sometido a mucho estrés.

Cuando consumes alimentos y bebidas a los que eres alérgico, tu cuerpo libera histamina —es su defensa contra los alérgenos— a partir de los mastocitos. El problema es que la histamina provoca síntomas desagradables como hinchazón, comezón en la piel, exceso de sudoración, bochornos, escurrimiento nasal y sensación de frío todo el tiempo, además de presión arterial baja, arritmia, ansiedad y depresión.

Cuando comes alimentos a los que eres alérgico es normal que aumentes de peso y te sientas mal. La buena noticia es que la mayoría de la gente se siente bien y elimina el exceso de peso cuando suprime los alérgenos de su dieta.

Todos los alimentos contienen cierta cantidad de histamina pero, cuando tu dieta es alta en histamina o en alimentos que estimulan la histamina, tu cuerpo se llena. Y más si tu estilo de vida es estresante, ya que el estrés produce histamina. ¡Y por naturaleza somos alérgicos al estrés!

Como recordarás, en el prólogo cuento que me guiaron para que adoptara una dieta y estilo de vida bajos en histamina. Entonces decidí abstenerme de los alimentos ricos en histamina durante 30 días para ver cómo me sentía. Ese cambio en la dieta limitó en gran medida mis opciones para comer. También significó privarme de algunos de mis alimentos favoritos (que solía comerlos en exceso debido a su contenido de histamina).

A los dos días de mi plan bajo en histamina sentí una energía y una euforia que jamás había experimentado. Me sentí bien. Me sentí feliz. Y sabía que era gracias a la dieta baja en histamina. ¡Caray! Esperaba que esa dieta no funcionara tan bien para poder retomar mis viejos hábitos de comer alimentos en salmuera, de aderezar con vinagre la ensalada de espinacas, de comer tofu orgánico y papaya.

Pero, al sentirme cada día mejor que el día anterior me di cuenta de que el plan bajo en histamina podía ser mi nuevo estilo de vida. Existe evidencia de que poco a poco puedes reintegrar a la dieta alimentos que contienen histamina, pero no puedes volver a los viejos patrones de atiborrarte de histamina una vez que reconoces el círculo vicioso que se esconde detrás.

Me di cuenta de que, cuando me descuidaba y comía alimentos ricos en histamina, me enojaba con mayor facilidad y no tenía la misma tolerancia ante las situaciones estresantes que cuando no consumía tanta histamina. Puede ser porque, así como la cafeína, los alimentos con alto contenido de histamina aumentan el ritmo cardiaco. Un principio sicosocial llamado *atribución* dice que, cuando se acelera el ritmo cardiaco, lo atribuyes al enojo o enfado. Asumes que estás molesto porque tu corazón está acelerado, cuando en realidad es una reacción química. Pero, puesto que crees que estás molesto, comienzas a *sentirte* molesto.

Como recordatorio, casi todos los alimentos ricos en histamina están aderezados con vinagre, son añejos o fermentados. En otras palabras, no son *frescos*. ¿No te suena oscura esa descripción, sabiendo que la energía vital de esa comida hace mucho tiempo que desapareció?

El sabor de los alimentos que contienen histamina está dentro del cuadro de cualidades oscuras yin o yang que te presento en la introducción de la segunda parte de este libro, como agrio, ácido, amargo y penetrante. No son brillantes, ¡puedes estar seguro!

Los alimentos con alto contenido de histamina suelen estar procesados. Tienen muy poca relación con su origen natural porque son añejos y contienen aditivos, conservantes y pesticidas.

Por el contrario, los alimentos con bajo contenido de histamina son frescos y no están procesados. Están llenos de luz y energía vital. Su sabor se encuentra dentro de las cualidades de luz de yin y yang, como dulce, suave y nutritivo.

Es interesante que la medicina china tradicional considera que la mayoría de los alimentos que contienen mucha histamina son "calientes", pero no se refiere a la temperatura, sino a las reacciones que provocan en el cuerpo. Aunque, si se consumen en exceso calientan *demasiado* al cuerpo... en especial si estás bajo mucho estrés. Las reacciones calientes incluyen sudoración excesiva y bochornos, además de urticaria y comezón. Los alimentos "calientes" se consideran yang.

Los alimentos yin se consideran fríos, no en cuanto a temperatura sino por la forma en que el cuerpo reacciona a ellos. También están correlacionados a los alimentos con bajo contenido de histamina.

Recuerda que la energía del estresante y competitivo mundo laboral es yang, de manera que es buena idea equilibrarla con una dieta yin y actividades moderadas yin. Todo es cuestión de equilibrio.

Cuando te sientas estresado, en especial cuando presentes los síntomas relacionados con la histamina descritos en este y en el capítulo cuatro, reduce o elimina la ingesta de alimentos con alto contenido de histamina, como:

✳ Carne, ave o pescado curados o procesados, en especial los mariscos, que son altos en histamina de manera natural.

* Lácteos ácidos y maduros, como crema agria, yogur y queso.
* Productos de levadura, en especial los creados con trigo.
* Cualquier producto en vinagre o salmuera.
* Vino tinto.
* Cualquier cosa fermentada.
* Productos de soya procesados.
* Conservantes y aditivos.

Como recordarás, hay algunos alimentos naturales y ricos en histamina: aguacate, espinaca, jitomate, berenjena, pimiento, fresa, nueces (excepto las nueces de Macadamia), semillas (excepto la chía) y papaya. Estos alimentos son inherentemente intensos, agrios o ácidos. No obstante, como mencioné antes, la mayoría de los alimentos con alto contenido de histamina son procesados. Cuando decidí eliminar los alimentos procesados de mi dieta bajé cuatro kilos en dos semanas y disminuyó el volumen de mi abdomen. ¡La comida procesada suele engordar!

Es interesante que algunos de los alimentos ricos en histamina (jitomate, berenjena y pimiento) pertenecen a la familia de las verduras solanáceas. Esto significa que contienen glicoalcaloides y alcaloides esteroidales, los cuales pueden ocasionar síntomas temporales, como dolor muscular, dolor en general, inflamación e inhibición de los movimientos corporales en personas sensibles.

Además de lo anterior, evita cualquier cosa que tenga pesticidas. Hay una razón por la cual el cuerpo libera histamina como reacción alérgica cuando ingerimos un alimento que contiene pesticidas. El sufijo -*cida* significa "matar". ¿No te suena fuerte y oscuro? ¡En ese propósito no hay chispa!

Los Organismos Modificados Genéticamente (OMG) contienen pesticidas, de manera que todos los alimentos modificados genéticamente tienen el potencial de causar alergias. Los pesticidas y los OMG contribuyen al estrés, pues el cuerpo lucha por deshacerse del veneno. Además, la histamina que liberan los pesticidas puede ocasionar hinchazón y aumento de peso. En otras palabras, ¡los OMG engordan!

Por esa razón es mejor comer alimentos no modificados genéticamente. Algunas personas se preocupan por el precio de los alimentos orgánicos, pero hay formas de manejarlo. Cultivar tus alimentos, comprar en granjas orgánicas y unirte a una cooperativa orgánica son algunas opciones para añadir alimentos orgánicos a tu dieta sin que gastes mucho.

La mayoría de los gerentes de los supermercados hacen caso cuando los clientes les piden productos nuevos, así que puedes pedir en el supermercado que surtan alimentos orgánicos frescos o congelados. Cuando tomas en cuenta el alto costo que implica tratar los síntomas derivados de las reacciones alérgicas a la histamina, ahorras dinero al evitar los pesticidas.

Una nota sobre la comida casera sobrante: mientras más tiempo permanece la comida antes de consumirla (aunque esté en el refrigerador), crecen más bacterias y se produce más histamina. Para consumir muy poca, solo come alimentos recién preparados. Esto significa que cocines controlando las porciones. La excepción es congelar los alimentos, pues las bacterias no crecen en ambientes tan fríos.

SUSTITUTOS CON BAJO CONTENIDO DE HISTAMINA

En lugar de...	Elige...
Azúcar refinada	Azúcar o jarabe de maple
Aderezo para ensaladas con vinagre	Aceite de oliva con sal de mar
Queso	Mantequilla de nuez de Macadamia
Trigo	Arroz, avena o maíz (sin levadura)
Café	Té de manzanilla
Alcohol	*Smoothies*

Pimiento o chile	Sazonar con sal de mar y orégano, ajo, salvia o romero
Cereal de trigo	Avena con jarabe de maple
Pasta de trigo	Pasta de arroz integral o arroz integral
Leche procesada que contiene pesticidas, carragenano y otros aditivos	Leche de nuez de Macadamia (licua nueces de Macadamia o mantequilla de nuez de Macadamia con agua; leche de avena y de arroz también son opciones saludables con bajo contenido de histamina, siempre y cuando no contengan conservantes, carragenanos u otros aditivos)
Espinaca o arúgula	*Kale* u otras lechugas
Berenjena	Calabaza
Chocolate	Barra de arroz integral con jarabe de maple y mantequilla de nuez de Macadamia
Sopa enlatada	Sopa fresca de verduras preparada con agua filtrada, verduras hechas puré, ajo y sal

BEBIDAS CON ALTO NIVEL DE HISTAMINA

Cuando se trata de recuperar nuestra chispa, lo que bebemos es tan importante como lo que comemos. Es cuestión de beber más luz y alejarnos de lo oscuro.

Igual que con la comida, mientras más fresca y natural es la bebida, es mejor. Entonces, el agua fresca (sin aditivos como el cloro) es una excelente bebida baja en histamina. Además, el agua es esencial porque, cuando el cuerpo se deshidrata, se libera histamina.

JUGO

Los cítricos contienen algo de histamina, de manera que la gente que lleva un nivel de vida con poco estrés suele tolerarlos. Pero, si tu vida es ajetreada es mejor que no consumas cítricos para reducir el nivel de histamina. Todo lo ácido tiende a contener histamina.

Las manzanas son bajas en histamina, por lo tanto, el jugo de manzana orgánica es una muy buena opción. En una licuadora a alta velocidad es muy fácil hacer jugo con rebanadas de manzana orgánica y agua filtrada. Siempre y cuando las manzanas sean orgánicas y no OMG, puedes licuarlas sin quitarles la piel. También puedes usar manzanas como endulzante para preparar sopas y otros alimentos.

CAFEÍNA, COCOA Y ALCOHOL

Hablemos de las bebidas adictivas que suelen desencadenar más reacciones de histamina. Sé que probablemente algunas son de tus favoritas, sin embargo, es posible que te gusten por la "subida de histamina" que te proporcionan. Esa euforia por el aumento de energía y placer es efímera y siempre va seguida de un rápido descenso, además de todos los dolorosos síntomas de los que ya hemos hablado.

Muchos estudios muestran que la gente que ha padecido traumas es mucho más propensa a abusar del alcohol y las drogas. Dichos estudios se han realizado con veteranos de guerra, mujeres que han abortado, personas que padecieron abusos y otras que experimentaron desastres naturales, como terremotos. Puesto que el trauma cambia la química cerebral, la sobriedad se siente amenazadora y demasiado intensa.

Hay una dependencia física del café, la cola, el té con cafeína y el alcohol que se deriva del enganche del cuerpo a la reacción química que provoca la bebida, así como una dependencia sicológica.

• Con la cafeína, la dependencia sicológica es ese deseo de obligarte a ir más deprisa, por lo general en un trabajo muy estresante en el que no quieres estar. Algunas veces, la gente depende de la cafeína porque es competitiva y quiere trabajar más tiempo. Las personas cuya respuesta al trauma es "adular" suelen usar la cafeína para obligarse a obtener la aprobación de otros.

• Con el cacao (cocoa y moca) y la algarroba, que son ricos en histamina, hay un deseo de diversión, placer y amor. El chocolate contiene feniletilamina (FEA), la misma sustancia química producida por el cerebro cuando recién te enamoras.

• El alcohol es rico en histamina. Incluso la supuesta variedad de vino baja en histamina contiene histamina. Además, el vino y la sidra contienen sulfitos, que causan hinchazón y comezón a la gente intolerante a los sulfitos. También hay una dependencia sicológica, como beber alcohol para relajarse, dormir y sentirse más cómodo en algunas situaciones sociales.

Irónicamente, ingerir bebidas con alto contenido de histamina para poder lidiar con el estrés en realidad aumenta el estrés en el cuerpo; las hormonas del estrés y los neurotransmisores trabajan tiempo extra para combatir a los alérgenos.

Ya sea que la dependencia sicológica esté relacionada con el deseo de relajarse, ir más deprisa, divertirse más o sentir amor... estas bebidas ricas en histamina son un medio falso para llegar a metas legítimas. Como veremos en los siguientes capítulos, existen maneras naturales de alcanzar dichas metas. Y, con métodos naturales, los sentimientos de placer se quedan contigo.

Dieta alta en estrés y el peso

Cuando recuperas tu chispa pierdes el exceso de peso de manera natural. ¡Te ves y te sientes mucho mejor al traer más luz a tu vida!

Las hormonas del estrés y la dieta rica en histamina provocan hinchazón, retención de líquidos y aumento de peso. Los científicos han señalado que particularmente la grasa extra alrededor del estómago es consecuencia de un estilo de vida lleno de estrés.

Como mencioné antes, la parte primitiva del cerebro cree que el estrés es señal de hambruna y carencia. Cuando estamos estresados, el cuerpo aumenta los niveles del neuropéptido Y, el cual, según un estudio realizado en el 2011 por la Universidad de Michigan, recupera la calma después de eventos traumáticos. El neuropéptido Y también estimula el apetito por consumir carbohidratos y hace que nos sintamos hambrientos incluso después de haber comido. Los estudios muestran que, debido al aumento del neuropéptido Y, seguimos sintiéndonos hambrientos de seis a ocho horas después del evento estresante. Por si fuera poco, el neuropéptido Y provoca que el cuerpo almacene grasa en las células del estómago para tener una reserva de energía.

Un estilo de vida con mucho estrés hace que nos atiborremos de alimentos y bebidas con alto contenido de histamina en un intento por sentirnos mejor. Por desgracia, el resultado es —sí, adivinaste— aumento de peso, retención de líquidos e hinchazón.

La gente que se siente estresada puede beber café para mantener alta su energía. Sin embargo, de acuerdo a las investigaciones llevadas a cabo en la Universidad Western, en Australia, beber cinco tazas o más al día provoca aumento de peso y dificultades para bajar de peso. Los científicos estudiaban los efectos positivos de la cafeína, pero lo que encontraron fue la relación entre la cafeína y los problemas de peso (Mubarak *et al.*, 2013).

Los estudios muestran que la cafeína estimula al cortisol, el cual hace que el cuerpo almacene la comida en forma de grasa en lugar de quemarla para obtener energía. El cortisol derivado del consumo de cafeína también estimula el apetito.

En resumen, el café no es una herramienta para bajar de peso, como se creía antes.

ANTOJOS DE COMER AZÚCAR

La gente estresada suele ansiar dulce. Esto se debe a la hipoglucemia (bajos niveles de azúcar en la sangre) asociada con la sobreproducción de cortisol y la lenta liberación de la glucosa del cuerpo. Comer azúcar o carbohidratos proporciona un aumento temporal de energía, pero antecede a un descenso repentino de energía que suele suceder en las tardes.

El deseo de comer alimentos y bebidas dulces se ha demostrado en niños. Los científicos creen que tenemos un apetito innato por el dulce porque nuestros antepasados usaban ese sentido para detectar las frutas que estaban maduras y listas para comerlas. Quizá por eso sea más sano satisfacer el antojo de dulce comiendo fruta madura en lugar de azúcar procesada. Los mangos, que contienen poca histamina, son una botana natural muy dulce. Si no los encuentras frescos, por lo general venden mangos orgánicos deshidratados o congelados en trozos, sin azúcar ni sulfitos añadidos.

VITAMINA C

Si no tienes suficiente vitamina C, tu cuerpo compensa con el aumento de los niveles de histamina sérica. De manera que es importante aumentar la ingesta de vitamina C si estás estresado y/o eres intolerante a la histamina. La vitamina C es un antihistamínico natural.

Solemos pensar que el jugo de naranja es una buena fuente de vitamina C. Pero las naranjas tienen un alto contenido de histamina, así que puedes obtenerla de otras fuentes bajas en histamina, como:

* **Mango:** 60.1 miligramos por taza (en trozos)
* **Kale:** 80.4 miligramos por taza
* **Brócoli:** 81.2 miligramos por taza

La ingesta diaria recomendada de vitamina C para adultos es 90 miligramos para hombres y 75 miligramos para mujeres (aumenta a 85 mg durante el embarazo y a 120 mg durante la lactancia). Comer una porción de brócoli, *kale* y mango satisface dichas recomendaciones. El contenido de vitamina C se reduce en la comida cocida, deshidratada, enlatada o congelada.

También puedes consumir complementos de vitamina C. No olvides leer bien las etiquetas para asegurarte de que sea una fuente orgánica y no un OMG. Una gran cantidad de complementos de vitamina C se hacen con maíz convencional y contienen pesticidas y herbicidas, lo cual aumenta los niveles de histamina y provoca síntomas desagradables.

ALIMENTOS ADICTIVOS – ATIBORRARSE

En el capítulo cuatro explicamos la sicología que se encuentra detrás de atiborrarnos de comida, pero es importante reiterar que, cuando comemos o bebemos algo a lo que somos alérgicos, tendemos a atiborrarnos porque los alérgenos activan a las hormonas adictivas del estrés, incluyendo la histamina.

Así que puedes pensar que las bebidas y la comida ricas en histamina son tus "favoritas" solo porque las consumes en exceso. *Atiborrarse* y *disfrutar* son dos procesos totalmente diferentes:

* Al *atiborrarnos* sentimos una gran necesidad de meternos todo lo que nos quepa en la boca. Tenemos la sensación de que no es suficiente o de que alguien puede quitarnos la comida o la bebida.
* Al *disfrutar* una comida nos tomamos nuestro tiempo y saboreamos cada bocado.

Una vez que reduzcas o elimines los alimentos y las bebidas a los que eres alérgico descubrirás que disfrutas más de las comidas. Se vuelven más tranquilas y menos estresantes.

Y si reduces tus niveles de estrés puedes volver a añadir a tu dieta algunos de los alimentos y bebidas que contienen histamina. No obstante, si sientes que no puedes controlarte y te atiborras de comida, es señal de que todavía no estás listo para ingerir esos alimentos.

Puedes probar algunos remedios ambientales y naturales para liberar el estrés —como veremos en los siguientes capítulos.

✳ ✳ ✳

Capítulo siete
La chispa en lo que te rodea

✳✳

En el capítulo anterior vimos que consumir alimentos con pesticidas desencadena la liberación de histamina, pues el cuerpo trata de eliminar los efectos del veneno ingerido. Aunque, también es esencial reducir la exposición a los pesticidas en general.

Varios estudios han descubierto que la exposición a los pesticidas aumenta la histamina, el cortisol y las reacciones alérgicas (Kido, 2013; Ezemonye, 2011; Sato, 1998; Rohr, 1985). De manera similar, hay investigaciones que han demostrado que los químicos ambientales —usados en alfombras, tintorerías, utensilios para limpiar la casa, cosméticos, ropa, ropa de cama y similares— son tóxicos (Birnbaum, 2013).

No queremos vivir con miedo por estar expuestos a los químicos pues, como hemos visto, el miedo y el estrés por sí mismos nos perjudican. No obstante, este capítulo presenta una reseña de los factores ambientales que pueden estimular la producción de hormonas del estrés y reacciones alérgicas, además de algunas alternativas saludables. Mientras más reduzcas la exposición a las toxinas, más brillarás de manera natural.

Es cuestión de estar pendiente de la manera en que reaccionas, emocional y físicamente, a tu entorno. Lo más importante es reducir, en la medida de lo posible, los inductores de histamina cuando tu vida esté llena de estrés; cuando tu "cubeta de histamina" esté a punto de desbordarse. Esto significa modificar o reducir tu exposición a las siguientes fuentes de toxinas ambientales:

TOXINAS PRESENTES EN ALFOMBRAS

En lugar de colocar alfombras nuevas, las cuales están repletas de químicos tóxicos que emiten vapores, usa pisos de madera o bambú o decora con tapetes antiguos. Las toxinas de las alfombras nuevas provienen de pegamentos, alfombrillas de espuma y los tratamientos antiestáticos y para repeler manchas. Los estudios muestran que estas sustancias químicas —como *formaldehído, uretano, metilbutano, acetato, tolueno y polipropileno*— estimulan la liberación de histamina y otras reacciones alérgicas en gente sensible (Tanaka, 2014; Sakamoto, 2012), además de que son perjudiciales para la salud.

TOXINAS PRESENTES EN LA PINTURA

La pintura tradicional que se usa para las casas contiene vapores tóxicos conocidos como compuestos orgánicos volátiles (COV) que provocan reacciones alérgicas en personas sensibles. También está repleta de metales pesados que aumentan la producción de histamina y provocan reacciones alérgicas (Graevskaya, 2003; Huszti, 1995). Afortunadamente, hoy en día existen opciones más saludables llamadas sin COV porque no emiten tantos vapores tóxicos. Aunque, de todas maneras contienen químicos. Si vas a pintar una habitación para niños o para personas que padecen alergias busca las variedades orgánicas con bases naturales, las cuales son prácticamente libres de químicos.

ARTÍCULOS DE LIMPIEZA

Los artículos de limpieza para el hogar son una de las principales fuentes de tóxicos químicos, pues contienen ingredientes perjudiciales que pueden resultar peligrosos y provocar alergias. Afortunadamente, la madre naturaleza nos regaló aceites esenciales orgánicos que desinfectan y limpian sin aditivos dañinos. Durante años he usado esos aceites como limpiadores y doy fe de que funcionan y ¡hacen que la casa huela a spa!

Solo tienes que comprar una botella resistente con atomizador y añadir dos cucharadas de aceite de *tea-tree*, de eucalipto y de lavanda y llenar la botella con agua filtrada. Puedes comprar aceites esenciales orgánicos a granel por Internet o en tiendas naturistas.

DETERGENTES PARA LAVAR

Un estudio descubrió que el jabón convencional para lavar ropa y el suavizante en toallitas emiten más de 25 químicos tóxicos por el ducto de ventilación. Entre ellos se encuentran *acetaldehído* y *benceno*, carcinógenos que la agencia de protección ambiental de Estados Unidos asegura que no tienen niveles de exposición segura (Steinemann, 2011).

Lava la ropa, las toallas y las sábanas con jabón ecológico para ropa y así protegerás tu salud y reducirás las alergias en la piel. También puedes hacer tu propio detergente con bórax y sosa —en Internet hay muchos consejos para hacer jabón para lavar.

Si te encanta el olor de las toallitas que se usan en la secadora de ropa puedes verter aceite esencial de lavanda en paños limpios y meterlos a la secadora junto con la ropa. Llevo haciéndolo durante años y nunca he tenido problemas derivados del contacto del aceite con la tela.

PRODUCTOS QUÍMICOS PARA LAVAR EN SECO

Al igual que el detergente para lavar, el lavado en seco implica químicos tóxicos y dañinos. Al usar la ropa lavada en seco, esos químicos están en contacto directo con los poros de tu piel y tu nariz respira los vapores.

El químico más usado en el lavado en seco se llama *tetracloroetileno* o "perc". La agencia de protección del medioambiente de Estados Unidos clasificó al perc como un "probable cancerígeno" que causa daño nervioso y cerebral. Hay estudios que muestran que incluso una porción pequeña de perc eleva los niveles de histamina y causa otras reacciones alérgicas (Seo, 2008).

Afortunadamente, cada vez hay más productos ecológicos y orgánicos para lavar en seco. Lo primero que se nota cuando entras a los establecimientos que se anticipan al futuro es la ausencia de esos vapores y olores asociados al lavado en seco. Cuando llegas a casa con tu ropa limpia sigues notando la diferencia positiva de que ya no huele a los químicos usados en las tintorerías.

PLÁSTICOS Y BPA

Un ingrediente usado para endurecer la mayoría de los plásticos se llama *Bisfenol A* (BPA, por sus siglas en inglés).

Muchos estudios muestran que el BPA es un disruptor hormonal que estimula la liberación de histamina. El consumo del BPA se ha asociado al desarrollo de asma, obesidad, enfermedades cardiacas y diabetes en adultos y niños —incluyendo bebés nonatos, que lo absorben de la madre (Moon *et al.*, 2015; O'Brien, Dolinoy y Mancuso, 2014; Nakajima, Goldblum y Midoro-Horiuti, 2012; Melzer *et al.*, 2010).

Puedes reducir la exposición al BPA si limitas el contacto con plásticos. En particular, nunca bebas agua de botellas de plástico, incluyendo los garrafones grandes que se usan en los dispensadores de las oficinas. Mejor usa botellas de vidrio sin plomo llenas de agua filtrada o botellas de acero inoxidable. Si usas botellas de plástico con agua, no bebas de ellas si estuvieron en el interior de un coche caliente (aunque la mayoría de las botellas de plástico comerciales están expuestas al calor cuando las preparan para sacarlas al mercado). También es importante usar botellas para bebé sin BPA, que ya están a la venta.

Cuando el plástico se calienta se libera BPA, así que nunca calientes recipientes de plástico en el horno de microondas. Hay tanta conciencia del BPA por parte de los consumidores que muchas compañías han creado productos de plástico sin BPA, incluyendo recipientes sellables de plástico. Busca "recipientes de plástico sin BPA" en Internet.

El BPA también se usa para forrar el metal de las latas de productos como frijoles o verduras, excepto las de algunas compañías que se anticipan al futuro e indican en sus etiquetas que las latas no contienen BPA. Es una razón más por la que debemos elegir productos frescos.

El BPA se usa también en el papel de los tickets de las cajas registradoras, así que, si quieres evitar el contacto con el BPA, no toques los tickets.

ARTÍCULOS DE TOCADOR Y COSMÉTICOS

La regulación en cuanto a los químicos permitidos en los artículos de tocador y los cosméticos es casi nula, de manera que es "a juicio del consumidor" —en especial si eres sensible a los químicos—. Productos como jabón antibacterial para manos, champú, perfumes, pasta de dientes, lápiz de labios, tinte para el cabello y esmalte de uñas suelen contener químicos tóxicos y metales pesados que ocasionan reacciones alérgicas y son cancerígenos.

Además, los artículos de tocador y los cosméticos contienen varias sustancias que liberan histamina —como cinamaldehído, bálsamo de Perú, benzoatos de cualquier tipo, sulfitos y colorantes— que causan alergia al contacto (VanderEnde, 2001; Schaubschläger, 1991).

Lo mejor que puedes hacer es leer las etiquetas de los ingredientes de todo lo que compres, incluyendo de lo que te pones en la piel. Cada uno de los poros de la piel funciona como una pequeña boca que absorbe todo lo que te untas. Una buena regla es: "Si no te lo comerías, no te lo pongas en la piel".

En Internet y en la mayoría de las tiendas naturistas puedes encontrar productos para el cuidado personal y de belleza que no son tóxicos. También encontrarás recetas para fabricar tus propios desodorantes, pasta de dientes, crema para afeitar, acondicionadores y otros productos.

Hay una base de datos de cosméticos de *Environmental Working Group* (ewg.org/skindeep) en donde escribes el nombre de los productos de cuidado personal y belleza que usas para saber si son tóxicos y por qué.

PINTURAS Y QUÍMICOS PARA ROPA

Todo lo que uses debe ser no tóxico y estar lo más libre de químicos posible, y eso incluye tu ropa. Cuando empecé a investigar la relación entre la ropa y la alergia, me sorprendió la cantidad de químicos que se usan en el proceso de fabricación. La ropa que se vende como que supuestamente no produce estática, que no se pega, que no encoje, que no se arruga, etcétera, ha sido tratada con formaldehído, un producto químico muy tóxico y cancerígeno que aumenta la producción de histamina y ocasiona dermatitis por contacto y otras reacciones alérgicas (Tanaka, 2014; Fujimaki, 1992).

Los tintes que se usan en la ropa también están saturados de formaldehído. Sorprendentemente, la mayoría de los países no tiene un estándar en cuanto productos químicos aceptables en las telas, aunque estén en contacto con partes íntimas o se usen para niños pequeños.

En 2007, en Nueva Zelanda, se llevó a cabo una investigación sobre el formaldehído en la ropa para niños fabricada en China, y el nivel encontrado fue 900 veces mayor al que se considera "seguro" (Clement, 2011). Los ignífugos usados en las pijamas de los niños aumentan la toxicidad química.

La ropa de algodón contiene residuos de pesticidas, pues el algodón es de las cosechas que más se fumigan y uno de los productos más genéticamente modificados. Los estudios muestran que los pesticidas usados en el algodón provocan liberación de histamina y otras reacciones alérgicas (Newball, 1986).

La ropa hecha de fibra natural como el algodón orgánico, el cáñamo, el bambú y el lino es una alternativa a la ropa que contiene químicos. Busca ropa teñida con tintes vegetales, los cuales crean tonos más tenues pero prácticamente no contienen químicos. Cualquier costo extra tómalo como una inversión en tu salud, igual que comprar comida orgánica. Es muy recomendable que uses solo telas orgánicas de colores no tóxicos para tu ropa interior, la ropa para hacer ejercicio (el sudor libera los químicos y entran por los poros) y la ropa de los niños. En Internet encontrarás sitios donde venden este tipo de ropa a precios accesibles.

La ropa *vintage* es todavía más accesible, por lo general no contiene químicos o, si los contiene, ya se han disipado.

También revisa las etiquetas de la ropa. Si dice "orgánica certificada" y "comercio ético" está bien. Recuerda que la ropa puede estar etiquetada como "ecológica" pero no necesariamente deja de ser tóxica si está hecha con poliéster reciclado u otros plásticos.

Hoy en día, la ropa es accesible, barata y, tristemente, desechable, pero a costa de nuestra salud y la de los trabajadores expuestos a esos químicos perjudiciales; en particular de los que trabajan en los inhumanos talleres clandestinos que, por desgracia, son muy comunes en todo el mundo.

Ropa de cama y la cama

Igual que los químicos en la ropa, la ropa de cama debe ser lo menos tóxica posible, pues estás acostado en ella durante cinco horas o más cada noche.

Comienza por la cama: si la etiqueta dice que es ignífuga, entonces duermes en una cama con químicos tóxicos. Es cierto que, por razones de seguridad, hay que evitar los materiales inflamables. Pero, ¿cuánto debemos sacrificar en términos de salud? Busca un colchón orgánico certificado hecho de goma; lo encuentras en tiendas especializadas. Estos colchones son cómodos y no contienen químicos.

Por lo menos invierte en sábanas hechas de material orgánico, como bambú o algodón, que son propicias para dormir bien porque la tela respira. Si te importa la comodidad usa bambú, que es igual de suave, o más, que el algodón de 1000 hilos.

Las cobijas y almohadas también deben ser de telas orgánicas certificadas y de colores no tóxicos. Se trata de invertir en dormir bien, lo cual ayudará a que brilles con más intensidad.

CONTAMINANTES DEL AIRE

Otra inversión que vale la pena hacer es comprar un buen purificador de aire. Como has leído en este capítulo, muchas toxinas del ambiente son inhaladas en forma de vapor. Cuando andes de un lado para otro haz lo posible por evitar el humo del cigarro, pues se ha demostrado que aumenta los niveles de histamina, incluso cuando se inhala de manera pasiva (Omini, 1990).

Estudios recientes muestran que respirar el olor del cigarro impregnado en la ropa de otra persona o estar en un coche donde alguien ha fumado, por ejemplo, es cancerígeno (Sleiman, 2010).

Campos electromagnéticos

Si eres muy sensible es muy probable que sientas los campos electromagnéticos que emiten los aparatos electrónicos. También es muy probable que se te dificulte poner el teléfono en tu oreja y dependas del altavoz del teléfono. ¡La realidad es que esta opción es la más saludable!

Las investigaciones han demostrado que la exposición a los campos electromagnéticos hace que los mastocitos liberen histamina, lo cual provoca inflamación y otras reacciones alérgicas (Gangi, 2000; Rajkovic 2005).

Un estudio descubrió que las personas que se sientan frente a la televisión y monitores de computadoras durante dos horas presentan una gran liberación de histamina por parte de los mastocitos. Los investigadores aseguran que los campos electromagnéticos pueden provocar dermatitis o alergias en la piel (Johansson, 2001).

Lo mejor que puedes hacer es invertir en un detector de campos electromagnéticos, que mide las emisiones de los aparatos electrónicos que usas; los encuentras *online* o en tiendas de electrónicos. Hoy en día existen versiones de aparatos eléctricos con bajas emisiones; también es una inversión que vale la pena. Algunas compañías venden escudos electromagnéticos.

Los profesionales de la salud aconsejan que desconectemos los aparatos electrónicos cuando no estemos usándolos y que estén lejos de nosotros, en especial cuando dormimos.

En el siguiente capítulo veremos otras formas naturales para combatir al estrés.

Capítulo ocho
Alivio del estrés, depresión y ansiedad

✹✹

No hay duda de que las medicinas ayudan a aliviar los síntomas del ciclo trauma-drama. Sin embargo, como hemos visto, los efectos secundarios de los químicos pueden ser fuertes y opacar tu chispa. Por ello es que los remedios *naturales* son tan buenos.

Los estudios muestran que el estrés provoca producción de histamina, que a su vez, te mantiene alerta. De hecho, es una de las razones de la *adicción* al estrés y el drama —debido a los efectos estimulantes de la histamina y otros neurotransmisores y hormonas.

Entonces, después de un día estresante, te sientes nervioso y sobreestimulado. Por ello es que mucha gente recurre a sustancias sedantes, como el alcohol, para relajarse o poder dormir. El problema es que el alcohol provoca todavía más producción de histamina y altera los ciclos de sueño MOR. De manera que el alcohol no nos da un sueño reparador.

En este capítulo veremos remedios naturales como flores, hierbas y otras formas para inducir el sueño y reducir la ansiedad. Cuando duermes bien, el cerebro produce melatonina y la convierte en serotonina —un proceso que te ayuda a disfrutar del buen humor y a elevar tu energía de manera natural—. La serotonina también te protege de los antojos de comida no saludable.

He probado personalmente todos los recursos de este capítulo y puedo recomendar cada uno de ellos. Están respaldados por literatura científica y estudios que muestran que son efectivos para sanar los efectos de los eventos traumáticos.

Quizá te parezca que en este capítulo te doy muchas opciones, pero piensa que es como un "bufet" del que puedes elegir lo que más te lata. Mientras más de estos remedios naturales uses, mejor. En cada descripción incluyo posibles interacciones de las prescripciones y la medicina.

Algunos estudios científicos muestran que estas flores, hierbas y estilos de vida sanadores son tan poderosos —o incluso más poderosos que— las medicinas prescritas para combatir la depresión y la ansiedad. También te ayudan a sentirte tranquilo y a dormir mejor.

MANZANILLA

La manzanilla es una florecita parecida a la margarita que, cuando se seca y se ingiere, tiene un efecto tranquilizante y relajante. Las antiguas culturas egipcia, griega y romana la cosechaban con propósitos medicinales para tratar problemas respiratorios, digestivos y cutáneos.

En la actualidad, la manzanilla se usa más frecuentemente como té. Los estudios muestran que los terpenoides y flavonoides presentes en la manzanilla seca reducen la ansiedad e inducen el sueño. Es la bebida perfecta para antes de acostarse.

Un estudio de doble ciego con 61 personas diagnosticadas con ansiedad demostró que la manzanilla redujo sus patrones de ansiedad mucho más que un placebo. Otro estudio sobre la depresión reportó resultados similares (Ámsterdam et al., 2009, 2012).

La manzanilla también es antiinflamatoria. Muchos estudios han descubierto que tiene efectos benéficos de salud al proteger contra el cáncer y enfermedades cardiacas. También hay pruebas que demuestran que respirar vapor de manzanilla reduce los síntomas del resfriado común.

Lo primero que hago cada mañana es tomar una taza de té de manzanilla porque he descubierto que la mejor manera de comenzar un día exitoso es sentirte relajado. Se trata de disfrutar tu trabajo, no de ir de prisa usando cafeína u otros estimulantes.

La manzanilla es tan fuerte que puede interactuar con algunos medicamentos recetados, así que investiga y habla con tu doctor si actualmente estás tomando medicinas.

HIERBA DE SAN JUAN

Además de la manzanilla, otra flor, *Hypericum perforatum*, se extrae para obtener un compuesto extremadamente sanador llamado hierba de San Juan.

Un importante estudio con 135 enfermos clínicos de depresión comparó la efectividad de la hierba de San Juan con la del Prozac. Un tercio de los participantes tomaba hierba de San Juan, un tercio tomaba Prozac y otro tercio tomaba un placebo. Fue una prueba de doble ciego, de manera que ni los investigadores ni los pacientes sabían quién recibía qué tratamiento. Al final de doce semanas, los que tomaron hierba de San Juan presentaban la mayor disminución de los síntomas depresivos (Fava *et al.*, 2005). ¡La hierba de San Juan le ganó al Prozac para combatir la depresión!

Otra prueba de doble ciego con 1200 pacientes con depresión que recibieron tratamiento con la hierba de

San Juan arrojó una conclusión similar y descubrió que el extracto de la hierba de San Juan "tiene un importante efecto positivo durante el tratamiento de pacientes que presentan depresión moderada y produce un aumento sustancial en la probabilidad de remisión" (Kasper *et al.*, 2008)

Mientras más hiperforina (componente de la hierba de San Juan) contiene una dosis, mejor funciona para reducir los síntomas de la depresión. Un estudio descubrió que las dosis de 300 mg con un contenido del 0.5 por ciento de hiperforina funcionan mejor, mientras que las dosis con 0.5 por ciento de hiperforina eran comparables a los efectos de un placebo (Laakmann *et al.*, 1998).

La hierba de San Juan tiene dos inconvenientes; en primer lugar, algunas personas han reportado mareo o cansancio después de tomarla (aunque, afortunadamente, no es un efecto secundario universal), y, segundo, que las flores de esta hierba, que crecen rápidamente en su estado natural, son venenosas para algunos animales.

LAVANDA

Desde hace mucho tiempo, la hermosa flor de lavanda color púrpura se ha usado como herramienta para relajarse y conciliar el sueño. Los estudios muestran que la inhalación de lavanda reduce considerablemene la ansiedad y ayuda a eliminar el insomnio.

Uno de esos estudios descubrió que inhalar lavanda aumenta el porcentaje de las etapas profunda y ligera del sueño. La conclusión del estudio fue: "La lavanda funciona como sedante leve" (Goel, Kim y Lao, 2005). Inhalar lavanda antes de dormir también aumenta la sensación de vigor en la mañana.

Una revisión reciente de estudios sobre la ingesta de lavanda concluyó que los suplementos de lavanda pueden tener efectos ansiolíticos, es decir, que proporcionan alivio ante el estrés y la ansiedad (Perry *et al.*, 2012). Otro estudio descubrió que inhalar aroma de lavanda disminuye los niveles de cortisol. En lugar de beber alcohol por la noche o tomar pastillas para dormir, inhalar aroma de lavanda es una forma más fácil de conciliar el sueño y despertarse sin los efectos secundarios provocados por el alcohol. Es muy útil rociar aceite de lavanda en la almohada y en las sábanas cada noche. Puedes comprar el aceite en las tiendas naturistas online. Solo verifica que sea lavanda natural, no sintética.

ACEITE ESENCIAL DE CÍTRICOS

Dos estudios importantes descubrieron que inhalar aceite esencial de cítricos (limón, naranja o toronja) normaliza los niveles de hormonas neuroendocrinas y la función inmune en personas con depresión mucho más que los medicamentos antidepresivos. Los investigadores concluyeron que inhalar aceite esencial de cítricos "restablece la inmunosupresión causada por el estrés, lo cual sugiere que la fragancia de cítricos puede restablecer el equilibrio homeostático" (Komori *et al.*, 1995).

MELATONINA

La melatonina es una hormona que la glándula pineal secreta de noche y te ayuda a dormir bien. Si tu estilo de vida es saludable, lo cual incluye la exposición a la luz solar, tu cerebro produce suficiente melatonina.

Sin embargo, mucha gente tiene bajos niveles de melatonina, en especial conforme crece. Se considera que los suplementos de melatonina son una manera efectiva y segura para inducir somnolencia y sueño. La mayoría de los estudios de melatonina muestran que la gente que la toma despierta de mejor humor por las mañanas, pues tuvo un sueño más reparador.

Un estudio de doble ciego descubrió que la melatonina ayudó a los niños a vencer los desórdenes del sueño sin que presentaran efectos secundarios (Jan, Espezel y Appleton, 1994).

También hay evidencia que sugiere que la melatonina es anticancerígena, lo cual aumenta sus beneficios. En la mayoría de las tiendas de vitaminas y suplementos venden melatonina.

VALERIANA

Los estudios sobre la efectividad de la valeriana —una hierba que suele usarse para inducir el sueño y reducir la ansiedad— presentan resultados contradictorios. Algunos aseguran que la valeriana tiene la misma efectividad que un placebo y otros reportan que produce importantes beneficios para combatir el insomnio.

La valeriana tiene un sabor fuerte, por lo que es mejor tomarla en cápsulas vegetales en lugar de beberla directamente. La buena noticia es que tiene pocos efectos secundarios, lo que la convierte en una buena alternativa a los agentes químicos para dormir.

KAVA KAVA

Desde hace tiempo se ha usado el kava kava, una planta que crece en las islas del Pacífico, como sedante y estupefaciente. Se encuentra en forma de líquido y píldora a partir de las raíces y las hojas de la planta. Los estudios muestran que la kava kava actúa sobre los receptores de la dopamina para estimular sus efectos de euforia.

En algunas partes del mundo es ilegal, en gran parte por cuestiones de toxicidad. No obstante, los fabricantes aseguran que el moho es el causante de las reacciones tóxicas y que los nuevos controles más estrictos eliminan los riesgos para la salud.

Muchos estudios de doble ciego descubrieron que el kava kava reduce de manera significativa los niveles de ansiedad y depresión, en comparación con un placebo. Aunque, un estudio realizado en 2012 no encontró efectos adversos por el uso de esta planta; sí adormece la boca un poco, por lo que, si te parece una sensación desagradable, considera ingerirla en forma de cápsula.

MÚSICA PARA MEDITAR

La música suave y tranquila facilita la relajación y varios estudios han descubierto que escucharla como música de fondo reduce la tensión, las emociones negativas y otros efectos del estrés. Los siguientes son algunos de los descubrimientos de las investigaciones:

• **La música suave proporciona alivio para las reacciones del estrés postraumático.** Muchos estudios muestran beneficios importantes y mensurables derivados de escuchar música suave en personas que padecen los efectos de un trauma, incluyendo alivio del insomnio, mejora de la calidad del sueño y reducción de los síntomas en general.

• **Es benéfico escucharla mientras trabajas.** Un estudio descubrió que personas que escuchaban música mientras llevaban a cabo una tarea estresante no presentaron aumento en los niveles de cortisol, mientras que los participantes que realizaban en silencio las mismas tareas presentaron aumentos importantes en los niveles de cortisol.

• **El tipo de música marca la diferencia.** El resultado de una comparación entre personas que escuchaban música clásica, *heavy metal* o que no escuchaban música fue que la primera produjo efectos tranquilizantes, mientras que el *heavy metal* y el silencio no. Entonces, elige bien el tipo de música que escuchas para que no perjudique tu estado de ánimo y tu energía.

• **Se reduce la ansiedad.** Los estudios muestran que los niveles de ansiedad y la presión arterial se reducen bastante en aquellos que escuchan música clásica o música para meditar antes de un evento estresante, como una cirugía.

• **La música es buena para el corazón.** De acuerdo con algunos estudios, los pacientes con padecimientos cardiovasculares presentaron una gran mejoría en el ritmo cardiaco mientras escuchaban música relajante, por lo que los investigadores recomendaron que los pacientes que estuvieran en cama recuperándose de una cirugía escucharan este tipo de música. El investigador principal concluyó:

> El mayor beneficio sobre la salud se da con la música clásica y la música para meditar, mientras que el *heavy metal* o la música *techno* no solo son ineficaces, sino que pueden ser peligrosas y conducir al estrés y/o padecer arritmias que pongan en peligro la vida. La música de muchos compositores mejora la calidad de vida de manera efectiva, restablece la salud y probablemente alargue la vida. (Trappe, 2010).

• Cantar y escuchar son diferentes. Un estudio interesante comparó los niveles de cortisol y emocionales en cantantes de un coro y en personas que escuchaban música coral. Descubrió que cantar aumenta los niveles de cortisol y reduce las emociones negativas. Aquellas que escucharon sin cantar experimentaron lo opuesto: bajaron sus niveles de cortisol y aumentaron sus emociones negativas. El incremento en los niveles de cortisol de los cantantes puede deberse a la ansiedad provocada por el público. Es muy probable que los solistas no presenten el mismo pico en la hormona del estrés.

A partir de estos estudios puedes reconocer los beneficios en la salud de la música suave, que sirve para meditar. Mientras más escuches música tranquilizante, mejor.

Afortunadamente, existen estaciones de radio *online* a las que te suscribes por una pequeña cuota mensual para eliminar los anuncios (que pueden sobresaltarte y sacarte del estado de meditación). En YouTube hay videos de música para meditar que duran mucho y son gratis. Usa las siguientes palabras de búsqueda para encontrar música suave: *meditation music, spa music, nature music* y *relaxation music*.

MASAJE Y *BODYWORK*

Recibir un masaje es una experiencia relajante para la mayoría de la gente, pero para aquellas que están hipervigilantes es difícil bajar la guardia durante un tratamiento corporal.

Hay diferencia entre el masaje y el *bodywork*:

* **Masaje**: es un proceso cuyo objetivo es relajarte y ayudarte a soltar la tensión.

* **Bodywork**: es terapéutico (también se le conoce como "terapia de masaje") y se usa para tratar lesiones, músculos lastimados y dolor emocional. Los terapeutas del masaje y de *bodywork* toman clases adicionales para aprender sicología y métodos especiales de sanación.

Como mencioné antes, en la unidad siquiátrica del hospital del que fui directora había una terapeuta de masajes. Durante las sesiones con un paciente, estos recuperaban recuerdos que habían suprimido, lograban comprender cuestiones importantes y experimentaban liberaciones catárticas de emociones reprimidas.

La terapia de masaje reduce los niveles de cortisol y aumenta los niveles de dopamina, oxitocina y serotonina. De manera que te sientes relajado y con una sensación de placer.

Los estudios son concluyentes en cuanto a que el masaje reduce la depresión, la ansiedad y los síntomas postraumáticos en gran medida; baja la presión arterial y el ritmo cardiaco; y mejora los ciclos del sueño.

Los científicos que realizan estudios con los veteranos de la Guardia Nacional desplegados en Irak reportaron que el masaje terapéutico provocó "importantes reducciones en los niveles de dolor físico, tensión física, irritabilidad, ansiedad/preocupación y depresión después del masaje, y un estudio longitudinal sugirió un declive de los niveles iniciales de tensión e irritabilidad" (Collinge, Kahn y Soltysik, 2012).

A la hora de elegir un terapeuta de masaje busca a alguien que tenga experiencia en el tratamiento de traumas pues entenderá si experimentas emociones fuertes durante la sesión de *bodywork*. Los terapeutas de masaje experimentados se mantienen neutrales durante las conversaciones y no externan su opinión para evitar que el paciente se altere.

CREA EL AMBIENTE IDEAL
PARA DORMIR

Si haces algunos cambios en tu habitación y en tus hábitos antes de dormir podrás quedarte dormido, y permanecer dormido, más fácilmente:

* **Oscurece la habitación**. Incluso la luz de una lamparita pequeña estimula el cerebro y evita que duermas profundamente.

* **Refresca la habitación**. Dormimos mejor en una habitación con temperatura fresca. Los estudios afirman que los calcetines ayudan a dormir mejor, así que, si tienes frío, póntelos.

* **Evita los aparatos electrónicos**. En las noches apaga la señal inalámbrica de Internet y no veas la tele ni uses ningún otro aparato electrónico una hora antes de acostarte. Los estudios muestran que la "luz azul" de los aparatos electrónicos (como las *tablets*) alteran el ritmo cardiaco.

* **Elige lo natural**. Las sábanas y cobijas de algodón o bambú "respiran" y así evitas el sudor

nocturno provocado por los materiales de poliéster.

* **Haz ejercicio más temprano**. Asegúrate de que
tu rutina de ejercicio termine tres horas antes de
irte a la cama.

* **Que tu habitación sea relajante**. No trabajes en
la cama para asegurarte de que la habitación solo
esté relacionada a la relajación.

GRATITUD

Muchos experimentos han estudiado la relación entre la
gratitud y el bienestar. Unos participantes escribieron todos los días razones por las que se sentían agradecidos y
otros escribieron sobre sus dificultades y problemas. En
todos los estudios, los grupos que escribieron motivos
de agradecimiento mostraron niveles mucho más altos de
bienestar, incluso en un grupo de veteranos que presentaban estrés postraumático (Kashdan, Uswatte y Julian,
2006).

Con base en esta investigación, es buena idea que todos los días estés consciente de las bendiciones que tienes. Llevar un diario de agradecimiento (ya sea en un cua-
derno o en la computadora) te servirá como recordatorio
para que veas el vaso medio lleno y no medio vacío.

Espiritualidad, religión y oración

Muchas investigaciones han confirmado que llevar una práctica espiritual o religiosa aumenta el bienestar. Esto no quiere decir que tengas que ser religioso o espiritual para ser feliz, sino que en promedio la gente que tiene un sistema de creencias *es* más feliz.

Varios estudios han descubierto que mientras más involucrada está una persona en una práctica espiritual o religiosa, es menos probable que tome drogas.

Según un estudio, llevar una práctica espiritual o religiosa reduce la severidad de los síntomas postraumáticos. Un estudio a gran escala realizado con 532 veteranos de guerra estadunidenses que participaban en un programa de DEPT descubrió: "Específicamente, a los veteranos que obtuvieron las notas más altas en adaptabilidad a los aspectos de la espiritualidad (experiencias espirituales diarias, perdón, prácticas espirituales, métodos religiosos positivos y religiosidad organizacional) les fue mucho mejor en este programa" (Currier, Holland y Drescher, 2015).

El término *métodos religiosos positivos* significa que tienes una creencia basada en la fe de que el trauma tenía un propósito existencial y no es un evento fortuito. La gente que usa métodos religiosos positivos es más propensa a buscar ayuda en su comunidad religiosa o espiritual.

Varios estudios han concluido que la gente que cree en un Dios castigador tiene más probabilidades de desarrollar síntomas postraumáticos. Se descubrió que aquellos que creen que Dios causó o permitió que sucediera el evento traumático presentan más síntomas postraumáticos. Esto se atribuye a su falta de control sobre las crisis futuras, pues creen que los eventos dependen de los caprichos de Dios, quien puede decidir castigarlos en cualquier momento.

Sin embargo, en cuanto a quienes creen en un Dios compasivo, la mayoría de los investigadores se refieren al "efecto positivo" de la espiritualidad y la religión porque estos factores protegen a los creyentes de la depresión, el abuso de sustancias y otros síntomas postraumáticos.

MEDITACIÓN BASADA EN LA RESPIRACIÓN

Mucha gente está familiarizada con el concepto general de la meditación, según han asegurado los medios de comunicación desde hace décadas. Igual que *yoga*, la palabra *meditación* puede parecer intimidante, como si fuera exclusiva de la gente que lleva un estilo de vida alternativo. La meditación puede parecer irrelevante e insustancial hasta que no lees la literatura científica que respalda sus efectos sanadores.

Se han hecho muchos estudios con veteranos de guerra que presentan síntomas postraumáticos. Con base en las mediciones de los efectos de la meditación en los veteranos, los investigadores han demostrado que los métodos de la "meditación basada en la respiración" provocan una importante reducción de la hipervigilancia y la ansiedad en los que han experimentado traumas.

La *respiración diafragmática* (también conocida como "respiración abdominal") es una manera consciente de respirar con profundidad y ritmo. Debes inhalar profundamente de manera que la caja torácica y el abdomen se expandan. El poner la mano en el estómago te ayudará a verificar que estás haciendo la respiración abdominal y no una respiración poco profunda. Con la respiración abdominal inhalas una mayor cantidad de oxígeno.

Los estudios sobre la respiración abdominal muestran resultados prometedores con los siguientes beneficios probados:

* Más oxígeno a las células.
* Menos dióxido de carbono y otros productos de desecho.
* Activación del sistema nervioso parasimpático (tranquilidad).
* Menos ansiedad.
* Mayor confianza.
* Disminución del ritmo cardiaco y la presión arterial

Mientras más realizas la respiración abdominal obtienes más beneficios tranquilizantes. Y es una práctica que puedes hacer en cualquier lugar, incluso durante situaciones estresantes en el trabajo.

Otra forma de meditación es la *atención consciente* o *mindfulness* y también promete reducir los síntomas postraumáticos. Un estudio realizado en la universidad de Harvard descubrió que la atención consciente redujo la activación y el volumen de la materia gris en la amígdala, una región del cerebro que participa en el procesamiento del miedo (Hölzel *et al.*, 2010).

Según los estudios, la meditación sana al cerebro y provoca cambios fisiológicos positivos en la estructura, el procesamiento de rutinas y la química cerebral.

Otras experiencias tranquilizantes

Por supuesto que existen muchas otras maneras de tranquilizar la mente y el cuerpo, como las artes creativas y estar en contacto con la naturaleza. Tú eres el mejor juez para decidir qué te tranquiliza y te da paz.

El yoga, una forma de ejercicio tranquilizante, es el tema del siguiente capítulo.

Capítulo nueve
Yoga suave y restaurativo

Hay dos maneras de sobrellevar un trauma: *supervivencia evasiva* y *supervivencia activa*. Como mencioné antes, la supervivencia evasiva significa que evitas enfrentarte a los recuerdos dolorosos, minimizando el impacto que tuvieron en ti, por medio de insensibilidad emocional, aislamiento y disociación.

En contraste, la supervivencia activa quiere decir que te encargas de manera directa de sanar el trauma y los sentimientos subyacentes que tienen sobre ti y sobre la vida. Por lo general implica ir a terapia de conversación (sicoterapia) con un terapeuta capacitado que sepa cómo manejar los síntomas postraumáticos. Si tienes muchas opciones de terapeutas, entonces ve con uno que se especialice en recuperación de traumas (en el capítulo diez veremos las opciones de terapias).

Los estudios muestran que ser *activo* en términos de ejercitar el cuerpo ayuda para sanar los síntomas. El ejercicio es catártico y ayuda a ganar confianza en uno mismo.

Solo asegúrate de que el programa de ejercicio que elijas no sea estresante, porque eso aumenta los niveles de cortisol, adrenalina e histamina.

* *Supervivencia activa cognitiva* significa meditar o cambiar tu forma de ver la vida de manera que sea más positiva.
* *Supervivencia activa conductual* significa enfrentarte al dolor emocional por medio de ciertas actividades, como hacer yoga.

El yoga suave y restaurativo proporciona una maravillosa forma de sacar y sanar los traumas. El yoga es el tipo de ejercicio que más suele recomendarse para sanar los síntomas postraumáticos, y para reducir las hormonas del estrés y la experiencia del estrés.

Si cuando piensas en clases de yoga vienen a tu mente imágenes de una habitación llena de veinteañeros flacos y flexibles, hay una razón. Como leerás en este capítulo, el yoga es una herramienta increíble para bajar de peso y aumentar el vigor.

Sin embargo, los estudios muestran que no hace falta hacer saludos frenéticos al sol ni posturas de guerrero aceleradas para obtener los beneficios del yoga. De hecho, verás que el yoga suave y restaurativo está demostrando que es bueno para sanar la mente y el cuerpo.

Además, hay muchas pruebas de que hacer ejercicio estresante —incluyendo yoga— es contraproducente. El ejercicio estresante es competitivo o despierta miedo y provoca que las glándulas adrenales produzcan la hormona del estrés: el cortisol. Lo cual, a su vez, hace que el cuerpo almacene la comida en forma de grasa, en particular en el abdomen. El estrés hace que el cerebro y el cuerpo crean que estás en peligro y que se acerca la hambruna. De manera que se aferra a todas las calorías para protegerse.

Esta parte del rompecabezas me cambió el esquema. Hacía ejercicio todos los días y no entendía por qué no bajaba de peso. Bueno, era porque el programa de ejercicios que seguía era muy estresante y provocaba producción de cortisol.

El ejercicio suave es una mejor forma de bajar de peso porque se produce muy poco cortisol, o nada. De manera que tu cuerpo se vuelve más eficiente en términos de quemar la comida que ingieres.

En una revista para mujeres leí un artículo que se llamaba "Ponte maquillaje para que brilles como si hubieras ido a clases de yoga". Me reí porque el artículo *no tenía idea* del objetivo del yoga. La razón por la que el yoga te da un brillo natural, sin tener que usar maquillaje, es porque esta antigua forma de estiramiento hace que el oxígeno y la sangre circulen por tu cuerpo.

Además de los beneficios estéticos que aporta el yoga está su gran capacidad de sanar los efectos del estrés y los traumas.

MANEJO DEL ESTRÉS Y EL YOGA

Un impresionante estudio realizado en 2011 siguió a 30 chicas estudiantes de universidad que tomaron clases de yoga durante 35 minutos por doce semanas. Las estudiantes estaban agrupadas por edad, altura y peso, separadas de un "grupo de control" de otras estudiantes que no tomaron las sesiones de yoga.

Durante la época de exámenes de la escuela se midieron los niveles de estrés del grupo de yoga y el de control. Se examinó su ritmo cardiaco, presión arterial, tasa respiratoria, niveles de ansiedad y niveles de cortisol como medida para saber la forma en que manejaban el estrés ocasionado por presentar los exámenes.

Los resultados fueron significativos: al principio del estudio, ambos grupos presentaron niveles de cortisol similares. Pero, después de tres meses de hacer yoga todos los días, los niveles de cortisol de ese grupo durante la época de exámenes fueron notablemente menores que los del grupo de control. Además, el grupo del yoga mostró niveles mucho más bajos de ritmo cardiaco y respiratorio, presión arterial y ansiedad en comparación con el grupo de control (Gopal *et al.*, 2011).

Los estudios como este muestran que el yoga nos enseña una manera diferente de manejar el estrés.

EL YOGA REDUCE LOS SÍNTOMAS DEL SÍNDROME PREMENSTRUAL

Un estudio con mujeres que padecían Síndrome Premenstrual (SPM) se dividió en dos grupos: uno tomó clases diarias de yoga por 40 minutos; el otro grupo no practicó yoga. Después de tres meses de clases, la diferencia de los SPM era significativa (Kanojia *et al.*, 2013).

El grupo de yoga mostró una importante disminución del malestar premenstrual, depresión y ansiedad. También reportó un aumento en la sensación de bienestar atribuible a la nueva práctica del yoga.

El yoga es uno de los métodos más recomendados para sanar síntomas postraumáticos. Date cuenta de que en este estudio y en el de las estudiantes de universidad, igual que en muchos otros estudios sobre el yoga, no fue necesario tomar clases de 90 minutos para obtener resultados excelentes. Ambos estudios se basaron en clases de 35 a

40 minutos. Los beneficios sanadores del yoga se obtienen tomando clases de tan solo 35 minutos, en el entendido de que lo practiques regularmente.

> EL YOGA ES UNO DE LOS MÉTODOS MÁS RECOMENDADOS PARA SANAR SÍNTOMAS POSTRAUMÁTICOS. LOS BENEFICIOS SANADORES DEL YOGA SE OBTIENEN TOMANDO CLASES DE TAN SOLO 35 MINUTOS, EN EL ENTENDIDO DE QUE LO PRACTIQUES REGULARMENTE.

EL YOGA SANA LOS EFECTOS DE LOS TRAUMAS

La respuesta de pasmarse es una adaptación natural a las situaciones de peligro; nos da la capacidad de evaluar si huimos o luchamos. Cuando nos sentimos completamente atrapados sin posibilidad de escapar, el cuerpo se para y entramos en un estado de parálisis temporal o de quedarnos "pasmados". Las hormonas del estrés, como la adrenalina y el cortisol, inundan el cuerpo y el cerebro mientras nos preparamos para la acción.

Normalmente, a la respuesta de pasmarse le sigue un temblor corporal incontrolable para deshacerse de las hormonas del estrés. Sin embargo, algunas personas permanecen como congeladas y retienen las hormonas del estrés y el horror del trauma.

La respuesta de pasmarse puede permanecer en el cuerpo mucho tiempo después de que termina la situación traumática. Los músculos de la persona están rígidos y tensos, lo cual puede provocar dolor y enfermedades.

La respuesta de pasmarse retiene las emociones de los momentos traumáticos y es necesario liberarlas de manera tranquila, por lo general a través de una catarsis como la de los movimientos del yoga. La gente que no suelta el miedo puede desconectarse de las sensaciones corporales y sentir que constantemente está fuera de su cuerpo en un estado de disociación. También puede desarrollar "afecto plano", es decir, que no siente o muestra emociones positivas o negativas fuertes. Además, los músculos y el cuerpo pueden estar rígidos y tiesos, incluso presentar estreñimiento.

Los estudios muestran que el yoga sana los traumas guardados porque...

* ...devuelve tu atención hacia tu cuerpo.
* ...te devuelve a la realidad de manera tranquila y agradable.
* ...restaura la sensación de que es seguro regresar la conciencia a tu cuerpo y estar consciente de las sensaciones corporales aquí y ahora.
* ...reduce la distracción y la disociación.
* ...reduce la hipervigilancia y te permite sentir que estás a salvo.

Una de las medidas para saber si los traumas han cambiado tu sicología se llama Variabilidad del Ritmo Cardiaco (VRC). En las personas afectadas por los traumas, el sistema de activación del cerebro permanece en hipervigilancia. Estás constantemente alerta por si se presenta un peligro, como una forma de controlarlo o evitarlo.

La gente que no ha sido afectada por traumas tiene una VCR fuerte, su sistema nervioso descansa de manera adecuada. Los pequeños estresantes no son un problema para ella.

Por el contrario, las personas que han padecido traumas tienen una VCR baja, es decir, "reaccionan de forma exagerada" ante pequeños estresantes como si se tratara de una crisis. Aunque el trauma pertenezca al pasado, su cerebro procesa los nuevos estímulos como si fueran nuevos traumas.

El doctor Bessel van der Kolk, fundador y director del centro de traumas en el *Justice Resource Institute*, descubrió que el yoga corrige la VCR. Esto significa que no nos molestan tanto las "pequeñeces" de la vida. El yoga reinicia, literalmente, las conexiones cerebrales para que permanezcamos más tranquilos. Puesto que una VCR baja por un trauma está relacionada con el desarrollo de enfermedades serias, es muy importante el descubrimiento de que el yoga restablece una VCR normal.

El yoga ayuda al hipotálamo de las personas que han padecido traumas a recuperar la capacidad de reaccionar al estrés de manera saludable, en lugar de reaccionar como si estuvieran ante una emergencia peligrosa. También hay evidencia de que el sistema nervioso parasimpático (asociado a la relajación y la tranquilidad) se fortalece con la práctica del yoga.

El yoga también disminuye el flujo de la hormona cortisol además de reducir la ansiedad y normaliza el ritmo cardiaco. Un estudio sobre investigaciones del yoga concluyó: "La práctica del yoga inhibe las áreas responsables del miedo, agresividad y coraje; estimula los centros de gratificación en el prosencéfalo y otras áreas, lo cual lleva a un estado de gozo y placer" (Woodyard, 2011).

BAJAR DE PESO Y EL YOGA

¡El yoga es excelente para bajar de peso! Una revisión reciente de estudios sobre la conexión entre el yoga y la pérdida de peso concluyó que el yoga "interviene exitosamente en el mantenimiento del peso, prevención de la obesidad y reducción de riesgo de padecer enfermedades en las que la obesidad desempeña un papel causal importante" (Rioux y Ritenbaugh, 2013).

Un estudio llevado a cabo en Seattle con 15 550 adultos de entre 53 a 57 años de edad descubrió que, entre los participantes con peso normal, los que practicaron yoga durante cuatro años bajaron más de peso que aquellos que no lo practicaron (4.30 k/ 9.5 lb contra 5.70 k/ 12.6 lb). Los participantes que tenían sobrepeso en el grupo del yoga bajaron un promedio de 2.26 k/ 5 lb, mientras que aquellos con sobrepeso que no participaron en el grupo del yoga subieron en promedio 8.39 k/ 18.5 lb (Kristal *et al.*, 2005).

No es de sorprender que los investigadores aseguran que la pérdida de peso aumenta mientras más practicamos yoga y también si lo practicamos en casa.

CÓMO EL YOGA REDUCE EL PESO

* Alivia el estrés, lo cual reduce la posibilidad de atiborrarte de comida para reducir el estrés.
* Baja los niveles de cortisol, lo cual reduce la grasa acumulada en el área abdominal.
* La gente que practica yoga de manera regular es más tranquila y reprograma el cerebro para mantenerse alejada del estrés, según una investigación llevada a cabo por el centro nacional para la medicina alternativa y complementaria.
* Mejora la calidad del sueño.
* Hace que seas más consciente de lo que comes, lo cual se traduce en control de porciones y mejores alternativas de comida saludable.

✳ Aumenta la sensibilidad a la insulina, lo cual indica al cuerpo que use la comida para obtener energía en lugar de almacenarla en forma de grasa.

El yoga reduce el dolor de espalda

El yoga también reduce el dolor de espalda, mejora la flexibilidad y baja la presión arterial, según el investigador Dr. James Raub, científico del *National Center for Environmental Assessment*, que estudia los beneficios del yoga en la salud:

> Es necesario que los servicios sanitarios acepten el yoga como complemento del servicio médico convencional. Durante los últimos diez años, un creciente número de estudios han demostrado que la práctica del Hatha Yoga mejora la fuerza y la flexibilidad y ayuda a controlar las variables físicas como presión arterial, respiración y ritmo cardiaco, y el índice metabólico para mejorar la capacidad general del ejercicio. (Raub, 2002).

Un estudio de 2011 realizado con 313 adultos que padecían dolor de espalda crónico o recurrente concluyó que tres meses de clases de yoga semanales dieron mejor resultado que la medicina tradicional (Tilbrook *et al.*, 2011).

Un estudio de seis meses de duración con 135 adultos de 65 a 85 años de edad reportó el resultado de aquellos que practicaron yoga frente a los que realizaron ejercicio convencional (caminar, correr y similares). La conclusión del estudio fue: "Los participantes del grupo que practicó yoga mostraron una importante mejoría en su calidad de vida y en las medidas físicas en comparación con los grupos que realizaron ejercicio o que se quedaron en lista de espera" (Oken *et al.*, 2006).

YOGA YIN Y YANG
SUAVE

Recuperar tu chispa significa que elijas el camino más brillante para todo lo que hagas. Eso incluye al yoga.

No todas las clases de yoga son iguales. Algunas son muy yang (energía masculina) porque se centran en fortalecer los músculos centrales, elevar el ritmo cardiaco y movimientos rápidos. Este tipo de clases suele incluir muchas *asanas* (posturas) de guerrero, las cuales son muy yang.

Si tu estilo de vida es estresante, tu vida está llena de energía yang —en especial yang oscura, con énfasis en competir y ganar—, así que lo último que necesitas es aumentarla tomando clases de yoga que se centren en compararte con los demás o en competir con tus compañeros de clase.

Hay otros tipos de clases más yin (energía femenina) que se centran en estirar, restaurar, respirar, equilibrar y buscar la paz interior. Estas clases tienden a trabajar más sobre tapetes y no a trabajar de pie. El instructor suele hablar con voz suave, como de meditación, con música suave de fondo. Mientras haces posturas sobre el tapete, se te indica que mantengas los ojos cerrados y te concentres en la experiencia interior del yoga.

La energía yin se da en las clases de yoga en las que te sientes celoso de otros participantes, te da pena tu cuerpo o tu nivel de avance, y te preocupa que el instructor te avergüence corrigiéndote públicamente.

Si te sientes estresado evita asistir a clases muy concurridas. Los estudios muestran que sentirte agobiado porque hay mucha gente provoca tendencias de agresividad y competitividad —definitivamente, energías yang oscuras.

Mejor elige clases de yoga que tengan energía yin y yang brillantes. Estas energías se basan en el amor y no en el miedo.

En una clase de yoga con yin y yang brillantes te sientes a salvo, cuidado y apoyado. Cuando el instructor te guía, te sientes contento de recibir su consejo (en lugar de sentirte avergonzado, como sucede en las clases de yoga con yin y yang oscuras).

Características de las clases de yoga con energía yin y yang oscuras	Características de las clases de yoga con energía yin y yang brillantes
Abarrotadas	Espaciosas
Competitivas	De cooperación
Música e instrucciones a volumen alto	Música e instrucciones suaves
Ritmo rápido	Ritmo fluido
Extenuante	Sensación de bienestar
Músculos adoloridos	Músculos revitalizados
Irritabilidad después de clase	Paz después de clase
Falta de sensación de unión con los demás participantes	Sensación de unión con los demás participantes

Aunque las clases con energía brillante suelen recibir el nombre de yoga "restaurativo", "yin" o "suave", es mejor que averigües si el instructor verdaderamente da la clase con energía sutil.

Algunas clases que se anuncian como "suave" o "restaurativo" en realidad tienen energía yin o yang muy oscura. Esto suele pasar cuando el instructor está acostumbrado a dar clases de nivel 2 y hace una sustitución en una clase más suave. Así que averigua con tiempo sobre el instructor.

YOGA RESTAURATIVO

Las clases llamadas yoga "restaurativo" suelen sentirse con un suave "yin brillante". Muchas de las posturas se hacen estando acostado; usan almohadillas, tapetes, correas y paredes para estirar los músculos de manera agradable. Las posturas se mantienen durante quince minutos y así permiten que los músculos suelten la tensión.

Las clases de yoga restaurativo toman en cuenta las diferencias físicas de la gente, no hay esa sensación de competencia ni perfeccionismo que encuentras en otras clases de yoga. No suelen atraer a participantes experimentados, así que hay menos posibilidades de que te compares desfavorablemente con otros. El instructor de una de mis clases favoritas de yoga restaurativo usa cuencos tibetanos para hacer sonidos tranquilizantes durante la clase. Toda la energía del yoga restaurativo es de meditación.

Las clases de yoga restaurativo son lentas pero proporcionan beneficios; ¡ayudan a bajar de peso!

Un estudio reciente dividió en dos subgrupos a un grupo de mujeres con sobrepeso (de 55 años en promedio). Uno de los grupos tomó clases de yoga restaurativo y el otro practicó ejercicios de estiramiento sin componentes del yoga. Al final de 48 semanas, el grupo de yoga había perdido 34 centímetros cuadrados de grasa subcutánea mientras que el grupo que hizo estiramientos perdió solo 6.6 centímetros cuadrados. El grupo de yoga bajó más de peso en comparación con el otro grupo. Los investigadores concluyeron que la diferencia fue la reducción en la producción de cortisol en el grupo del yoga (Araneta *et al.*, 2013). Como recordarás, el cortisol participa en la acumulación de grasa en el abdomen y en el aumento del apetito.

Los instructores de yoga aseguran que almacenamos emociones fuertes en las caderas. Dicen que hacer posturas que abren las caderas, como la paloma o estirar las piernas hacia afuera, libera las emociones atoradas. En las clases de yoga restaurativo, donde mantienes posturas con las caderas abiertas durante mucho tiempo, puedes recibir inspiración que te ayude a integrar tu pasado.

Yoga en casa

La verdad es que toma mucho tiempo ir al centro donde dan las clases de yoga, tomar una clase de 90 minutos y volver a la casa. Además, si asiste mucha gente a la clase, tienes que llegar con tiempo para encontrar un buen lugar en el suelo. Estamos hablando de dos a tres horas.

Una alternativa es practicar yoga en tu casa. Si tu bolsillo te lo permite puedes llamar a un centro y contratar a un instructor. En Estados Unidos el precio está entre 50 y

100 dólares. Suena caro si lo comparas con los 15 dólares por clase que cuesta en promedio si vas a un centro. Sin embargo, si no vas a un centro de yoga por restricciones de tiempo, entonces el precio no importa tanto.

Si tienes amigos interesados en tomar clases de yoga pueden pagar entre todos… además de disfrutar una experiencia divertida y saludable entre amigos.

Un instructor a domicilio puede guiarte sobre las posturas que haces para evitar que te lastimes. Así te pone más atención que en una clase atestada de gente, además de que no hay posibilidades de que te sientas avergonzado frente a los demás asistentes. Una vez que tu cuerpo recuerde cómo hacer las posturas básicas de yoga de manera segura, entonces ya puedes hacerlo por tu cuenta.

En YouTube hay muchísimos videos gratuitos y muy buenos; muchos tienen la etiqueta de "suave", "yin" y "restaurativo". Los instructores te dan consejos sobre cómo hacer cada postura de manera segura.

Los estudios muestran (y quizá ya lo hayas comprobado) que cuando estás estresado, los músculos se ponen rígidos por la tensión. De manera que el yoga es una estrategia de supervivencia activa para estirar los músculos, sanar los

efectos de los traumas y liberar el estrés. Otra forma de supervivencia activa es buscar ayuda externa, como veremos
en el siguiente capítulo.

Capítulo diez
Obtener ayuda

Es muy recomendable que obtengas ayuda para cambiar tu estilo de vida. Hacer cambios importantes hace que salgan emociones fuertes, luchas internas con el ego y resistencia a que te digan qué hacer. En este capítulo veremos las opciones de ayuda respaldadas por investigaciones científicas.

Se han realizado cientos de estudios con personas que presentan síntomas por estrés postraumático para averiguar qué métodos les ayudan más. Los científicos concuerdan en que la Terapia Cognitivo-Conductual (TCC) y la Desensibilización y Reprocesamiento por Movimientos Oculares (EMDR) son los procedimientos clínicos más eficaces para sanar los síntomas de los traumas.

TERAPIA COGNITIVO-CONDUCTUAL (TCC)

La siguiente es una explicación del alcance de la terapia cognitivo-conductual descrita en una revisión de los estudios sobre métodos para sanar los síntomas por estrés postraumático:

La sicoterapia cognitivo-conductual encierra una infinidad de métodos (como desensibilización sistemática, entrenamiento de relajación, biorretroalimentación, terapia de procesamiento cognitivo, entrenamiento en inoculación del estrés, entrenamiento asertivo, terapia de exposición, combinación de entrenamiento en inoculación del estrés con terapia de exposición, combinación de la terapia de exposición y entrenamiento de relajación y terapia cognitiva). (Iribarren *et al.*, 2005).

La revisión de opciones de tratamiento concluyó que la terapia cognitivo-conductual, que se centra en los traumas, sirve para tratar los síntomas por estrés postraumático que incluyen trastorno límite de la personalidad o abuso de sustancias.

Existen muchos otros tipos de terapia además de la cognitivo-conductual, pero no hay estudios suficientes que respalden su efectividad para sanar los efectos de los traumas. Un terapeuta especializado en sanar los traumas te asegura que estás trabajando con alguien que tiene experiencia y que entiende las múltiples capas de la recuperación de los traumas.

Los estudios muestran que los síntomas por estrés postraumático se reducen al integrar la terapia cognitivo-conductual a la terapia de exposición. Terapia de exposición se refiere al proceso en el que literalmente te enfrentas a tus miedos. En la mayoría de los casos, el terapeuta te guía para que visualices o "sientas" la escena de tu trauma. Esto se hace de manera suave, con muchas pausas para que proceses lo que sientes con la ayuda del terapeuta. No es lo mismo que la catarsis, que no es eficaz para reducir los síntomas de los traumas, según el pionero en el tema de los traumas, Peter Levine.

Cuando fui a terapia de exposición, me guiaron para que me imaginara la escena traumática en la televisión. Después, la imagen se llenó de estática y finalmente desapareció de la pantalla. Ese sencillo proceso redujo en gran medida el impacto emocional de la imagen traumática, así me permitió lidiar con ella a un nivel más profundo y conectarme con vivencias de mi infancia que había reprimido. La terapia de exposición suena intensa y lo es… pero vale la pena.

DESENSIBILIZACIÓN Y REPROCESAMIENTO POR MOVIMIENTOS OCULARES (EMDR)

En 1987, Francine Shapiro desarrolló la EMDR. Francine tuvo la idea cuando se dio cuenta de que sentía alivio emocional si movía los ojos al acordarse de una situación triste. Llevó a cabo investigaciones sobre los movimientos oculares para ayudar a la gente que padece síntomas postraumáticos.

La EMDR puede relacionarse al movimiento ocular rápido (MOR) que ocurre durante el sueño. Cuando soñamos, la mente inconsciente está procesando lo que sucedió durante el día.

Se ha estudiado mucho y reconocido la efectividad de la EMDR para reducir los síntomas postraumáticos. La mayoría de los estudios muestran que la EMDR reduce los síntomas y los resultados son duraderos.

La EMDR es un proceso que involucra las emociones y detona los viejos recuerdos de las situaciones que te recuerdan al trauma. En un ambiente seguro y contenido, fuertes emociones salen a la superficie con la ayuda de un terapeuta experimentado. Una vez que salen las emociones desaparece el control oculto que tenían sobre ti. Me parece que la EMDR es muy intensa, pero también muy liberadora y sanadora.

El proceso comienza con una entrevista clínica sobre la historia de tu vida, se enfoca en las experiencias traumáticas y en los síntomas postraumáticos. En las siguientes sesiones se usa equipo como audífonos con sonidos palpitantes que se alternan entre los oídos, o se usan aparatos que se manejan a mano. El terapeuta también puede usar dos dedos para dirigir tus ojos de un lado a otro.

Es muy importante trabajar solo con terapeutas calificados para realizar la EMDR, puedes buscar alguno en Internet.

En YouTube hay meditaciones EMDR gratis, las cuales pueden tranquilizarte, pero su efectividad no ha sido comprobada clínicamente.

GRUPOS DE APOYO PARA LA SALUD EMOCIONAL Y MENTAL

Hay grupos de apoyo online y físicos para personas que padecen síntomas postraumáticos; los precios pueden variar dependiendo del lugar y del terapeuta. En esos grupos conocerás gente que ha experimentado traumas debilitantes; sentirás un gran alivio al saber que no eres el único con esos sentimientos, comportamientos y síntomas. La terapia de grupo y los grupos de apoyo te ayudarán a aceptarte porque te das cuenta de lo agradable que es la gente que está en la misma situación que tú.

El programa de doce pasos desarrollado para ayudar a los alcohólicos (Alcohólicos Anónimos) también se usa en grupos de apoyo para problemas emocionales y familiares; hay en muchas ciudades y online. Busca "doce pasos" en Internet seguido del nombre de la adicción de la que quieres recuperarte.

Los grupos de doce pasos suelen ser gratis, pero piden donaciones. Puedes pedir ayuda de un padrino —alguien que ha estado en el programa durante un año o más—.

Puedes llamarle todos los días mientras llevas a cabo los doce pasos (una serie de comportamientos que te ayudan a liberarte de las adicciones).

Cada reunión de doce pasos tiene su propio "estilo" en relación a la gente que suele asistir. Prueba diferentes grupos para que encuentres el que te haga sentir más cómodo.

APOYO EMOCIONAL

Emociones Anónimas es el grupo de doce pasos para cuestiones emocionales como síntomas postraumáticos, fobias y diagnósticos sicológicos. Cuando trabajaba como sicoterapeuta tenía pacientes que iban a estos grupos y les iba muy bien.

APOYO FAMILIAR

Si los problemas de nacimiento o matrimonio te provocan ansiedad, miedo, culpa o vergüenza, estos grupos de doce pasos te ayudarán a sanar:

* **Hijos adultos de padres alcohólicos:** brindan ayuda para sanar; dan apoyo y educación a quienes crecieron en hogares alcohólicos.

* **Al-Anon:** dan apoyo y educación a quienes aman a un alcohólico o adicto.
* **Alateen:** dan apoyo a adolescentes en cuya familia hay un miembro alcohólico.
* **Codependientes anónimos:** dan apoyo a personas que buscan sanar o aprender sobre problemas de codependencia.

APOYO PARA SANAR ADICCIONES

Las adicciones son un síntoma postraumático importante, pues la persona intenta adormecer el miedo y otros dolores emocionales. Pero, las adicciones también son fuente de más traumas y drama. Hay formas más saludables y efectivas de manejar el dolor emocional, por ello es que los grupos de doce pasos pueden ayudarte a tener una vida más feliz y productiva. Hay grupos de doce pasos para casi todas las adicciones, a continuación tienes ejemplos de algunos grupos que pueden ayudarte:

* **Alcohólicos anónimos**: para recibir apoyo durante la abstinencia del consumo de alcohol.
* **Deudores anónimos**: para dejar de endeudarse de manera compulsiva.
* **Jugadores anónimos**: para recibir ayuda para dejar de apostar.

* **Narcóticos anónimos**: para recuperarse de las adicciones a las drogas legales e ilegales.
* **Adictos al sexo anónimos**: para romper con el ciclo de relaciones tóxicas y adictivas.

APOYO PARA CAMBIOS EN LA DIETA

La única adicción de la que no puedes abstenerte es la comida, de manera que, los grupos de apoyo pueden ayudarte a desarrollar una relación sana con ella. El grupo Comedores Compulsivos Anónimos ofrece reuniones sin costo y aceptan donaciones.

Una encuesta Gallup llevada a cabo en 1992 con 1000 miembros de Comedores Compulsivos, y un sondeo realizado en 2001 con 231 miembros llegaron a la misma conclusión: mientras más comprometida está una persona a asistir a las reuniones de Comedores Compulsivos, a ponerse en contacto con su padrino y a seguir el plan de alimentación (por lo general implica evitar atiborrarse de comida, lo cual provoca ansiedad y comer más de manera compulsiva), mejores resultados obtiene.

Busca Comedores Compulsivos en Internet para localizar grupos cercanos o reuniones *online*.

He asistido a grupos de apoyo de manera profesional y personal y te aseguro que la ayuda es sin igual. Conoces gente que piensa como tú, gente compasiva que te entiende y genuinamente quiere que te sientas mejor. Después de un tiempo de asistir al grupo puedes volverte padrino para ayudar a los nuevos. Esto se llama "hermandad" y es un beneficio invaluable que se da en estos grupos.

En la tercera parte veremos maneras de cultivar la hermandad y el apoyo mutuo en todas tus relaciones… y ¡hacer que brillen!

✳   ✳   ✳

Tercera parte

Brilla alrededor de otras personas

Introducción a la tercera parte
Conectando con los demás

Tus relaciones con los demás influyen sobre tu felicidad, salud, economía, sintomatología postraumática y tu chispa. Es fácil fantasear con estar solo en donde nadie pueda molestarte, pero la verdad es que necesitamos compañía humana. En la tercera parte vamos a explorar cómo son las relaciones sanas y cómo encontrarlas.

Cuando piensas en tener nuevos amigos, quizá:

* Te preguntes dónde encontrarlos.
* Luches con el sentimiento de que no eres digno y te preocupe que los demás no quieran ser tus amigos.
* Te preocupe encontrar buenos amigos que sean honestos y confiables.

Si tu historia con otras personas no ha sido fácil es posible que estés receloso de volver a intentarlo. Esto se debe a que quizá haya habido elementos disfuncionales en tus relaciones anteriores, lo cual las hizo más dolorosas que placenteras. Haber padecido traumas, en especial durante la infancia, dificulta confiar en los demás.

Con un historial de trauma, y la adicción consecuente al estrés y al drama, es difícil elegir amistades y parejas saludables. Es probable que hayas sido atraído a gente con dramas. O que los traumas que has padecido provoquen sentimientos de que no vales, por lo que no te has atrevido a relacionarte con gente a quien admiras o respetas.

Todos tenemos una necesidad sicológica de afiliación, lo que significa tener conexión emocional y física con personas que piensan como nosotros.

Tener amigos se correlaciona con una mejor salud y con niveles más bajos de cortisol cuando te enfrentas a situaciones estresantes. Saber que tienes buenas personas a tu lado que te quieren y te entienden —amigos, familiares, pareja— te protege de las hormonas del estrés.

Capítulo once
¿Cómo te sientes en relación a otras personas?

✳✳

Si has padecido traumas es posible que se te dificulte estar con otras personas. Los investigadores han descubierto que aislarse y evitar la convivencia son métodos de supervivencia entre las personas que han padecido traumas.

Quizá te sientas tímido o que no eres bueno. Quizá hayas sufrido rechazos que te dolieron y evitas a las personas para asegurar que no vuelva a pasar.

Puede ser que los traumas hayan abierto nuevos niveles de espiritualidad y comprensión filosófica en tu interior. De manera que formar parte de intercambios sociales te parece superficial y una pérdida de tiempo.

Es posible que no sepas cómo tener una conversación. Los estudios muestran que quienes desarrollan *personalidad evasiva* monitorean constantemente sus reacciones y las reacciones de los demás durante las conversaciones. Esto provoca que la persona evasiva tenga un estilo torpe y tímido al hablar. Esa torpeza puede ocasionar rechazo social y las consecuentes fobias a sentirse avergonzado y fuera de lugar frente a otras personas.

La personalidad evasiva se define como alguien que limita de manera extrema la interacción con los demás, ya sea en cuestiones de trabajo o personales, porque cree que hay algo malo en ella que los otros rechazan. Esas personas evitan a la gente para protegerse de sufrir dolor social.

Algunos ejemplos son:

* Elegir un trabajo en el que evite la interacción social.
* Evitar compromisos sociales como reuniones, fiestas y celebraciones.
* Involucrarse con otra persona solo si está seguro de que no van a rechazarlo.
* Estar convencido de que los demás siempre lo critican y lo rechazan, y ser hipersensible a las críticas.
* Elegir amigos y parejas románticas que pertenecen a un estrato socioeconómico más bajo para sentirse "más seguro" que con alguien de su mismo nivel.
* Preocuparse de la ineptitud que percibe en sí mismo.

✷   Ser tímido con otras personas hasta el punto en que se dificultan las conversaciones comunes.

Las fobias sociales y el Trastorno de la Personalidad por Evitación tienen síntomas similares, sin embargo, en el último los síntomas son mucho más fuertes y debilitantes. La terapia cognitiva es útil en el tratamiento de este desorden en el sentido de que la persona puede aprender a disfrutar y confiar en la compañía de los demás.

Vinculación

Los "problemas de vinculación" son parte del espectro del trauma. Si fuiste ridiculizado, víctima de descuido o padeciste cualquier otro tipo de abuso durante la infancia, entonces pudiste haber desarrollado dificultades para relacionarte. Esto incluye:

✷   **Desconfianza**. Si la confianza básica padre-hijo fue traicionada, entonces es difícil que vuelvas a confiar en alguien.

✷   **Falta de límites**. Te es difícil saber dónde terminas tú y dónde comienza otra persona. Para practicar los límites tienes que estar consciente de cómo te sientes, lo cual se encuentra fuera de la conciencia de muchas personas que padecieron traumas de pequeños. La terapia cognitiva te ayuda a entender las ataduras emocionales, en donde un padre y tú se identificaron demasiado el uno con el otro y, de manera inconsciente, absorbiste sus miedos.

* **Aislamiento**. Te sientes más seguro estando solo, aunque sea aislado.
* **Indiferencia**. No eres consciente de los sentimientos de los demás y no ves las claves no verbales que te lo indican.

Los problemas de vinculación pueden sanar si desarrollas por lo menos una relación sana y confiable (que puede ser con tu terapeuta). Los métodos para sanar los traumas que leíste en la segunda parte de este libro pueden aliviar la ansiedad que está detrás de los problemas de vinculación. En gran medida, sanar implica entender la base de estos problemas y aprender nuevas formas de conectar con los demás.

¿Aislamiento, retiro o soledad?

Si te identificas con el concepto de personalidad evasiva, no eres el único. La gente que ha experimentado traumas tiende a aislarse debido al aumento de sensibilidad, hipervigilancia y deseo de protegerse para no volver a vivir un trauma.

Si reconoces esas características en ti es importante que andes con cuidado. Hay una gran necesidad de equilibrar el tiempo que pasas solo sin aislarte.

Por un lado, los estudios muestran que tener "retiros estratégicos", en los que estés solo durante un tiempo moderado, tienen un efecto positivo en el alivio de los síntomas depresivos. Los investigadores le llaman *soledad constructiva*, en la que tienes tiempo para pensar, planear y descansar.

Por el otro lado, la *soledad destructiva* es el aislamiento sin crecimiento positivo. Un ejemplo es aislarte y consumir químicos que adormecen tu estado de ánimo o con comida chatarra, alejar a los demás con enfado y rechazar cuando te ofrecen ayuda.

No obstante, algunas personas tienen mayor necesidad de afiliación con los demás, es decir, conexión social. Aquí tienes las características de las personas con grandes necesidades de afiliación:

* Deseo de pertenecer a un grupo.
* Imperiosa necesidad de caer bien y tendencia a aceptar lo que el resto del grupo quiere hacer.
* Preferencia por colaborar en lugar de competir.
* Rechazo al riesgo o incertidumbre.

Es probable que te sientas solo si tienes una gran necesidad de afiliación, pero permaneces aislado porque temes al rechazo o no has conocido a la "gente adecuada".

EL ALTO PRECIO DE LA SOLEDAD

Las investigaciones muestran que la soledad nos daña física y emocionalmente. Primero, puede ocasionar que una persona consuma drogas que adormecen su estado de ánimo y alcohol. Un estudio concluyó: "El sentimiento de soledad es más fuerte en quienes consumen drogas que en los que no las consumen; los primeros pueden desarrollar la sensación de ser diferentes que los demás y aumenta la posibilidad de que realicen comportamientos de alto riesgo y que consuman drogas" (Hosseinbor *et al.*, 2014). Otro estudio llevado a cabo con veteranos de guerra que mostraban síntomas postraumáticos descubrió que aquellos que presentaron altos niveles de comportamiento de supervivencia evasiva tenían el doble de posibilidades de abusar del alcohol.

Muchos investigadores piensan que la personalidad evasiva se basa en el trauma de que uno o ambos padres hayan rechazado al paciente. El sentimiento de ser rechazado es subjetivo, es decir, depende de que la persona interprete que el padre lo rechaza o no. Si percibes que uno de tus padres te rechaza, dicha experiencia crea una enorme necesidad de amor y aceptación, además de la creencia de que no eres digno de ese amor ni aceptación.

Cualquier tipo de rechazo es estresante, incluso en una película que estés viendo. En un estudio sobre los efectos de la afiliación y el rechazo en el estrés, los investigadores hicieron que los participantes vieran tres trozos de diferentes películas: uno mostraba rechazo social, otro mostraba aceptación social y en el otro aparecía una escena neutral. Después de ver los trozos se midieron las hormonas de los participantes. La secuencia que mostraba rechazo social aumentó de manera importante el nivel de cortisol de los participantes, lo cual confirma que el cuerpo reacciona al estrés social, sin importar que te pase directamente o lo veas en la pantalla (Wirth y Schultheiss, 2006).

> LOS ESTUDIOS MUESTRAN QUE EL CUERPO REACCIONA AL ESTRÉS SOCIAL, SIN IMPORTAR QUE TE PASE DIRECTAMENTE O LO VEAS EN LA PANTALLA.

Si recurres a sustancias que adormecen el estado de ánimo para lidiar con el dolor causado por el rechazo social, lo más probable es que te involucres con otras personas que consumen esas sustancias. Cuando alguien está crónicamente drogado o borracho, no tiene amor para dar. Su corazón está cerrado químicamente. Así que puedes estar "con" alguien y no satisfacer tu necesidad de recibir amor.

La soledad no solo es emocionalmente dolorosa, también duele físicamente. Un estudio hizo un seguimiento a 220 personas que padecían fibromialgia y escribían cuatro veces al día en un diario electrónico. Los investigadores reportaron: "En las mañanas que los individuos experimentaban niveles de soledad más altos de lo habitual, padecían altos niveles de elementos maladaptativos del dolor durante las primeras horas de la tarde, lo cual antecedía a aumentos en el dolor a últimas horas de la tarde por encima del nivel del dolor matutino". Después concluyeron: "Los episodios de soledad están asociados a aumentos subsecuentes de los patrones negativos de pensamiento sobre el dolor, lo cual predice aumentos subsecuentes del dolor corporal durante el día" (Wolf *et al.*, 2015).

De manera similar, otro estudio realizado con 176 mujeres que padecían fibromialgia descubrió: "El involucramiento social positivo ofrece alivio de (fibromialgia) fatiga que continúa durante días y puede proporcionar un objetivo adicional para aumentar la efectividad de las intervenciones actuales" (Yeung, 2014).

Puedes estar con alguien pero seguir sintiéndote solo si crees que no te entienden, no te aceptan o no te escuchan dentro de la relación. O si tienes una gran necesidad de estar con los demás, pero no sabes cómo elegir un amigo o pareja románticos adecuados, seguirás atrayendo más drama y estrés a través de una relación disfuncional. Sin embargo, no te preocupes, pues en el siguiente capítulo encontrarás muchas sugerencias para elegir parejas más sanas, vamos a discutir las relaciones interpersonales.

LA CONEXIÓN DE LA OXITOCINA

Los traumas y el estrés desempeñan un papel biológico en la soledad, en la personalidad evasiva y en las fobias sociales. Como leíste antes en el libro, estadísticamente hablando, la gente que ha padecido traumas tiene más posibilidades de padecer traumas y estrés en el futuro.

Todo esto crea un desbordamiento de cortisol porque el cuerpo se siente amenazado. Uno de los efectos negativos del exceso de cortisol es que reduce la producción de oxitocina, la hormona involucrada en fomentar intimidad emocional en las relaciones.

Quizá hayas escuchado sobre la oxitocina en pláticas sobre deseo sexual. Recientes descubrimientos muestran que además es un químico sanador de las emociones, en especial en lo referente a interacciones en las relaciones. Tener suficiente oxitocina ayuda a aprender cómo confiar y conectar con los demás. La hormona también reduce la ansiedad.

La glándula pituitaria libera oxitocina en respuesta al tacto, como un abrazo o un masaje. Pero no solo se limita al contacto humano; cuando acaricias a tu mascota también se libera oxitocina.

Los científicos consideran que la oxitocina es esencial para crear vínculos con los demás. De manera que tocar, abrazar, masajear y ser abrazado ayuda a sanar las tendencias evasivas y de aislamiento. Puedes comprar inhaladores de oxitocina pero, asumiendo que solo contienen ingredientes puros, el "tiempo de vida" de la oxitocina es de tres minutos. De manera que duran muy poco los beneficios de inhalarla en aerosol.

Una forma de terminar con la soledad y aumentar los niveles de oxitocina es adoptar una mascota. Otra es pedirles a tus amigos que te abracen, pues los abrazos aumentan los niveles de oxitocina.

El mejor amigo de los humanos

Voy a empezar esta sección diciendo que amo a todos los animales. Sin embargo, la mayoría de las investigaciones se ha hecho con perros.

Los estudios de terapias asistidas con animales muestran que la presencia de un perro disminuye los sentimientos de soledad, reduce la experiencia de dolor físico y reduce los niveles de cortisol durante situaciones estresantes.

Muchos veteranos de guerra utilizan animales de servicio emocional para ayudarles a manejar situaciones estresantes. Actualmente se están llevando a cabo estudios para investigar el papel que desempeñan los perros de servicio para ayudar a que sus dueños sanen sus síntomas postraumáticos.

Un estudio con niños víctimas de abuso sexual descubrió que, cuando había un perro presente en la terapia del grupo, los niños "mostraron una reducción importante en los síntomas del trauma, incluyendo ansiedad, depresión, rabia, desorden por estrés postraumático y cuestiones sexuales" (Dietz, Davis y Pennings, 2012).

En muchos países se permite que los animales de servicio emocional certificados acompañen a sus dueños en aviones, hoteles, tiendas y otros lugares públicos.

Además, los estudios muestran que los dueños de perros tienen el doble de posibilidades de salir a caminar de manera regular, en comparación con personas que no tienen perros. Las caminatas con perros se han relacionado a importantes beneficios mentales y físicos. Pasear a tu perro también es una excelente forma de conocer a tus vecinos y a otros amantes de los animales en los parques.

Tener un perro u otra mascota reduce los síntomas postraumáticos. Cuando cancelas tus emociones después de sufrir un trauma, amar a una mascota ayuda a despertar tus sentimientos. Alguien —tu mascota— comienza a importarte, lo cual es un gran punto de partida para dejar que entre el amor.

Los programas que se especializan en entrenar perros de servicio para veteranos de guerra aseguran que sus perros reducen la hipervigilancia por traumas. Es como tener otro par de ojos que vigile por si hay peligro, de manera que la persona que sufrió el trauma puede relajarse. En Internet puedes encontrar perros de servicio.

Además, las mascotas brindan un sentido de diversión en quienes no han podido relajarse debido a los traumas.

He comprobado personalmente el poder tranquilizante de una mascota. Los animales tienen un agudo sentido sobre lo que una persona necesita. Cuando era niña y despertaba llorando por alguna pesadilla, mi gato esponjoso Mickey corría a mi cama y se acurrucaba conmigo hasta que volvía a quedarme dormida.

Más tarde, cuando pasaba por una situación difícil, adopté a Valentine, mi primera perra. En cuanto la abracé tuve la sensación de que Valentine estaba sanando y volviendo a abrir mi corazón. La frase terapia con cachorros vino a mi mente, porque el alivio que sentí fue verdaderamente terapéutico y me dio apoyo hasta que se resolvió la situación estresante.

Cuando mi agenda de viajes se volvió muy estresante, me volví candidato para tener un perro de servicio certificado. Me acompañaba durante los vuelos y se sentaba en mis piernas cuando daba talleres. Su presencia tenía un efecto tranquilizador sobre mí. (Ahora que lo pienso, mi perra no estaba conmigo ese día que lloré por tanto estrés en el aeropuerto de Toronto, como describí en el prólogo, mmm…)

CÓMO SER UN BUEN AMIGO

En esta sección examinaremos las características de personalidad de otras personas, sin embargo, es igual de importante hacer una autoevaluación y preguntarnos: ¿soy un buen amigo? Las encuestas muestran que las amistades cercanas se equiparan más a una vida feliz que el matrimonio, así que esas relaciones son muy importantes para el bienestar.

La definición de "buen amigo" es diferente para cada persona, pero hay características básicas que coinciden en los estudios sobre la amistad, como:

- ✳ **Fiabilidad**. Cumplir tus promesas y ser íntegro. Es especialmente importante si tu confianza ha sido defraudada.

- ✳ **Protección**. Existe un código implícito entre los amigos de que se protegerán el uno al otro. Esto incluye defender a tus amigos si escuchas algún chisme sobre ellos y ayudarles cuando lo necesiten.

- ✳ **Confidencialidad**. Nunca digas chismes sobre tus amigos ni reveles sus secretos a nadie más.

- ✳ **No competencia**. Aunque la competencia entre amigos durante un deporte está bien, luchar por ser "mejor" que tu amigo hace que la relación se tense.

- ✳ **Mutualidad**. Las conversaciones dan a ambas partes tiempo y atención para compartir. Cada amigo escucha al otro.

- ✳ **Disponibilidad**. Todos estamos ocupados, pero los buenos amigos se dan tiempo para el otro.

Todas estas cualidades te ayudan a sentirte a salvo y "como en casa" cuando estás con tus buenos amigos.

Sé consciente de las tendencias de tu personalidad postraumática, pues pueden ser desagradables para tus amigos, como las siguientes:

- • Si tiendes a **pelear**, reconoce cuando la ira domine tu mente y tu cuerpo.

Cómo manejar esta tendencia de manera sana: es posible que tengas un *flashback* emocional y tu respuesta se deba a un trauma del pasado y no a la situación presente. Aléjate durante un momento para sacar el enojo con acción. Respira profundo varias veces. No hables antes de que hayas aclarado y centrado tu mente para evitar que digas algo que lastime. Si contestas enojado asegúrate de ofrecer una disculpa, asume tu responsabilidad y habla con tu amigo sobre lo que pasó.

• Si tiendes a ser **dramático**, reconoce tu tendencia a sentir pánico y a ver como catástrofe las situaciones que no son una emergencia. Las escenas dramáticas pueden molestar a los demás, en especial si estás gritando que hay peligro y que todos deberían hacer algo para defenderse.

Cómo manejar esta tendencia de manera sana: cuando sientas que esa tendencia está creciendo en tu interior date un momento para descargar la energía haciendo ejercicios de estiramientos. Dobla los brazos, haz flexiones, respira hondo varias veces y libera la ansiedad. Trata de hacerlo lo menos dramático que puedas o discúlpate y ve al baño para que puedas estirarte en privado.

• Si tiendes a **disociar**, entonces tus amigos pueden pensar que no te interesan, porque tienes la mirada ausente y solo les respondes con una sola palabra.

Cómo manejar esta tendencia de manera sana: concentrarte puede evitar que te distraigas. Esto significa que pongas tu atención consciente en tus sensaciones corporales. Sé consciente de tus pies dentro de los zapatos, de tu espalda recargada en la silla, etcétera. Sé consciente de la tensión de tus músculos. Nota cuando tu respiración sea poco profunda. Mientras más consciente estés de tu cuerpo, más presente estarás para tus amigos y para ti.

• Si tiendes a ser **codependiente**, entonces puedes exagerar la generosidad con tus amigos. Estás tan agradecido por tener amigos que expresas tu agradecimiento de manera desmesurada y exagerada. Esto puede evitar que no recibas de manera recíproca y hacer que te sientas resentido porque tú eres el único que da.

Cómo manejar esta tendencia de manera sana: recuerda que, cuando dejas que tus amigos te den, estás ayudándolos a ser felices también. Practica el equilibrio entre dar y recibir todos los días.

En tus relaciones de amistad sé consciente de tus sensaciones físicas y emocionales. Date cuenta si comienzas a sentir que se acumula el miedo o el enojo y aléjate para tener claridad. No te culpes por los dramas de los demás ni los cargues. Puedes interesarte por ellos sin lastimarte con preocupaciones y estrés.

Solo necesitas una buena amistad para que descubras que eres digno de ser amado. La amistad requiere tiempo y compromiso, pero es una inversión que se paga sola.

Capítulo doce
Escoge a tus amigos sensatamente

Parte de cuidarse a uno mismo consiste en utilizar el discernimiento a la hora de elegir con quién pasar el tiempo. Como hemos visto en capítulos anteriores, si has padecido traumas, quizá tiendas a elegir relaciones "seguras" que te garanticen que serás aceptado… generalmente porque dichas relaciones son con personas a quienes no admiras. Quizá sean adictos o pertenezcan a una escala socioeconómica mucho más baja que tú. Esto está relacionado con rescatar y tratar de "ayudar" a la gente con el pretexto de que es un acto desinteresado, compasivo.

Es posible que hayas elegido amigos con base en sus antecedentes comunes de traumas o en su estilo disfuncional para manejar sus traumas. Ese tipo de relaciones están llenas de dramas y dolor emocional, a menos que ambos se hayan comprometido a trabajar en ese tema.

Todos tenemos asuntos en los que estamos trabajando y, como hemos visto, la mayoría de las personas ha padecido traumas. Los investigadores concluyen: "Los estudios muestran que... la mayoría de la gente experimenta un evento traumático en un momento de su vida, y hasta un 25 por ciento de ella desarrolla (DEPT)" (Hidalgo y Davidson, 2000).

Rodéate de gente que esté consciente de sus problemas. Es bueno estar con alguien que ha hecho algo para lidiar con sus "asuntos", por medio de sicoterapia, programas de cuidado de uno mismo y similares.

> **RODÉATE DE GENTE QUE ESTÉ CONSCIENTE DE SUS PROBLEMAS Y QUE ESTÉ HACIENDO ALGO POSITIVO PARA LIDIAR CON ELLOS.**

CÓMO IDENTIFICAR Y EVITAR AMIGOS ADICTOS AL DRAMA

Durante la desintoxicación del drama quizá quieras alejarte (temporal o definitivamente) de la gente que contribuye a la adicción. Es algo similar a un alcohólico en recuperación que se distancia de sus antiguos amigos bebedores.

Aunque sientas compasión por la gente que lucha contra sus adicciones, es necesario que tomes medidas extremas para sanarte. Reza por tus amigos que son adictos, envíales artículos y libros que les ayuden, si están receptivos, pero no permitas que su influencia te desvíe del camino a la sanación.

Evita las siguientes características, en especial al principio de tu recuperación. Aléjate de personas que:

* Hablen de manera obsesiva y repetida sobre sus problemas sin poner interés en solucionarlos.
* No cumplan sus promesas.
* Se comporten y hablen de manera dramática, exagerada.
* No respeten a los demás.
* Tengan conversaciones unilaterales —solo sobre lo especiales que son—; o particularmente buenas o desgraciadas.
* Hablen rápido y fuerte.
* Actualmente tomen drogas o alcohol.
* Busquen que las halaguen.
* Se jacten de que violaron la ley.
* Tengan un miedo catastrófico sobre el fin del mundo.
* Constantemente expresen enojo ante muchas cosas diferentes.
* Con frecuencia usen palabras que exageran, como *siempre* y *nunca*.
* Sus ojos estén descentrados y no te miren.
* Te hablen *a* ti, no *contigo*.
* Solo te busquen cuando quieren algo de ti.

* Se jacten de que están bajo mucho estrés, como si fuera señal de valentía.

* Presuman de que son una víctima que depende de la voluntad de los demás.

* Digan chismes sobre los demás (y también sobre ti).

* Se sepan todos los detalles de la vida de la gente famosa.

* Se quejen constantemente por lo mucho que tienen que hacer.

* Tengan la costumbre de contar historias fantásticas sobre ellas o sobre gente que conocen.

Conforme avances en el proceso de recuperación del estrés y el drama, estarás en mejor posición de ayudar a otras personas adictas al drama a que reconozcan el ciclo de estrés en el que están. Pero, al principio lo mejor es evitar su compañía, además de que es práctico (en el capítulo catorce veremos maneras de lidiar con familiares negativos).

Señales interiores de advertencia

Tu cuerpo, de manera innata, siente la energía e intenciones de los demás. Después de vivir un trauma, como medida preventiva te vuelves más sensible ante la gente que te rodea. Sin embargo, es posible que ignores las señales interiores de advertencia y después te arrepientas.

Parte del cuidado de ti mismo es darte cuenta y, sobre todo, confiar, escuchar, honrar y seguir tus señales interiores de advertencia. Se presentan en forma de rigidez muscular, de sentimientos de que algo anda mal o de certeza de que no puedes confiar en alguien, o que no es una compañía positiva. Sea como sea que recibas estas señales, lo más importante es que te des cuenta de ellas y les hagas caso.

Cuando estés con tus amigos o con gente que acabas de conocer, revisa tus señales interiores de advertencia, las cuales te indican que estás con una persona adicta al drama:

* Te sientes aburrido y ansioso porque siempre cuenta las mismas historias una y otra vez.
* Te sientes usado porque es una relación unilateral; solo tú eres el que da.
* Sientes un deseo de evitar a esa persona.
* Sientes que pierdes el tiempo al estar con ella.
* Tienes reacciones somáticas en su presencia, como dolor corporal o malestar.
* Te sientes culpable; como si le debieras algo.
* Te sientes enojado con ella y contigo mismo.
* Cuando la persona se va, te sientes cansado y sin energía.

Estas señales de advertencia no suelen presentarse en una relación sana. Pero si se presentan una o mas señales, te sientes cómodo al enfrentarla y resolverla.

Si tu experiencia postraumática causó que sientas que no vales o que tengas miedo de los demás, entonces necesitas irte con cuidado con las amistades. Todo con calma.

Recuerda que lo importante no es la *cantidad* de amigos que tengas, sino la *calidad* de las relaciones. Para tener una amistad verdadera vale la pena que se le dé el tiempo y la energía necesaria para desarrollarse.

ADICCIÓN A LA HORMONA DEL ESTRÉS Y LA PERSONALIDAD

Cuando estábamos estudiando los trastornos de la personalidad en la universidad, los profesores nos advirtieron que tuviéramos cuidado del "síndrome 101". Es la tendencia de los estudiantes de diagnósticos sicológicos a creer que tienen todos los síntomas mencionados. Así que, lee la siguiente sección desde una perspectiva objetiva y recuerda que no necesariamente está describiéndote. La mayoría de los trastornos de personalidad son casos extremos de particularidades normales en personas cuya vida y felicidad están limitadas por esos atributos.

La característica principal de los trastornos de la personalidad es una enorme dificultad para mantener relaciones sanas. La realidad es que aquellos que encajan en estas descripciones están solos, lastimados y enojados. Se aíslan para que no los lastimen más al considerar que los demás son objetos y al construir una barrera de egocentrismo y enojo.

El sicoterapeuta Pete Walker, autor de *Complex PTSD*, propone que las cuatro diferentes respuestas al trauma (*lucha, huida, pasmarse, adular*) pueden traducirse en cuatro trastornos de la personalidad (o una combinación de ellos):

* **Luchar** da lugar al *narcisismo* e intentar permanecer a salvo a través del poder y el control.
* **Huir** da lugar al *trastorno obsesivo-compulsivo* e intentar permanecer a salvo a través del perfeccionismo.
* **Pasmarse** da lugar a *estados de disociación* e intentar permanecer a salvo a través del aislamiento.
* **Adular** da lugar a la *codependencia* e intentar permanecer a salvo al hacer felices a los demás.

Sentirse amado es sentirse a salvo

Yo modificaría el modelo de Walker añadiendo que no solo intentamos permanecer a salvo, sino también sentirnos *amados* (lo cual hace que nos consideremos a salvo, valorados y seguros). Todos estos modos de personalidad son intentos por controlar el sentimiento de sentirnos amados, más que *permitir* que el amor entre a nuestro corazón, mente y vida.

Sentirnos amados alivia la angustia existencial que hace que nos preguntemos, ¿para qué estoy aquí? El amor justifica y da validez a nuestra existencia, y acaba con los sentimientos de que nuestra presencia ha sido una molestia estresante para nuestros padres y el planeta. El amor hace que estemos felices por estar vivos.

El narcisista y el codependiente tratan de controlar a los demás, el disociativo intenta controlar su conciencia y el obsesivo-compulsivo trata de controlar su alrededor... todo en un intento por sentirse amados —cosa que nunca funciona, porque el control se basa en el miedo, no en el amor.

Aquí tienes la descripción de los problemas de personalidad asociados con los síntomas de los traumas.

Si te identificas con cualquiera de las siguientes descripciones, sabes que se tratan de personalidad, no de enfermedad mental. Puedes obtener ayuda para liberar la ansiedad que hay detrás de estos problemas y las descripciones también te ayudan a identificar problemas dentro de tus relaciones.

Narcisismo

Solemos pensar que un narcisista es alguien obsesionado consigo mismo y banal. Pero también los narcisistas suelen ser adictos a la adrenalina que aumenta su energía al crear dramas constantemente. Creen que sus problemas son crisis especiales y exigen que los demás dejen de hacer lo que están haciendo para que participen en el drama en desarrollo.

Detrás del narcisista hay enojo reprimido (la reacción de "lucha" al trauma) y miedo a ser abandonado. Esto se manifiesta como aburrimiento cuando la vida le parece demasiado ordinaria y tranquila. Los narcisistas necesitan atención y validación constantes; tener una crisis los pone en el foco de atención. También alejan a sus relaciones emocionalmente íntimas con su enojo.

Pueden sanar este ciclo al enfrentarse a sus problemas de enojo, miedo al abandono y baja autovalía en un ambiente terapéutico de apoyo.

TRASTORNO OBSESIVO-COMPULSIVO

Solemos pensar en el comportamiento obsesivo-compulsivo como lavarse las manos una y otra vez o cualquier otro comportamiento que se repite para mitigar los pensamientos negativos. Pero no es solo eso, en especial cuando hay un historial de traumas.

Obsesión quiere decir un sentimiento o pensamiento recurrente. Compulsión se refiere a un impulso para realizar una acción sobre la cual la persona no tiene control. Los pensamientos y sentimientos obsesivos son miedo de que algo malo va a pasar si la acción compulsiva no se lleva a cabo.

El miedo es generalizado, aunque puede volverse específico (por ejemplo: "Si no me veo perfecto, nadie va a pensar que soy atractivo o nadie va a quererme", o "Si no me pongo primero el zapato derecho, nada saldrá bien hoy"). Como la mayoría de las fobias, estas creencias se basan en experiencias estresantes del pasado (como una tragedia que sucedió el día que la persona se puso primero el zapato izquierdo). Se hizo una conexión y se volvió una obsesión con un ritual compulsivo.

El comportamiento obsesivo-compulsivo implica rituales supersticiosos, llamados *expiaciones*, para que la culpa o el miedo desaparezcan mágicamente. Por ejemplo, irse a dormir puede implicar una serie de comportamientos compulsivos como encender las luces en cierto orden, las almohadas y cojines acomodados de manera específica y así sucesivamente. Estos rituales se vuelven muy estrictos y es una gran molestia si alguien interfiere con la rutina.

La gente obsesivo-compulsiva también tiene opiniones inflexibles sobre lo que está bien o mal, además de alto estándar moral y ético. Da la impresión de ser extremadamente crítica, lo cual aleja a la gente. Pero, aunque exija altos estándares a los demás, estas personas pueden violarlos con excusas para justificar su comportamiento.

Las investigaciones relacionan al comportamiento obsesivo-compulsivo conocido como "acumulador" a los traumas de la vida y el estrés (Landau, 2010). Acumulador significa que la persona acumula una gran cantidad de objetos o mascotas, en detrimento de su propia economía, espacio o incluso en términos de salud (en especial cuando se trata de mascotas).

El trastorno de la personalidad obsesivo-compulsivo se deriva de la respuesta de huida del trauma, en un deseo de alejarse del miedo y el dolor. Este comportamiento implica huir física o mentalmente de la conciencia del dolor emocional al estar siempre de prisa e intentar cumplir de manera perfecta una lista interminable de tareas. Las personas obsesivo-compulsivas creen que, mientras se mantengan ocupadas, no tienen que pensar ni sentir nada doloroso. Como resultado, también son adictas al trabajo hasta que no se dan cuenta del daño que este patrón causa en ellas y en sus seres queridos.

ESTADOS DISOCIATIVOS

Si estuviste atrapado en una situación abrumadoramente aterradora o dolorosa, entonces no tuviste la oportunidad de luchar o huir. De manera que "escapaste" mentalmente pues tu conciencia desconectó el conocimiento de la situación. Físicamente estabas ahí; tus músculos rígidos estaban en estado de congelamiento, frenado por el dolor. Como en una experiencia extracorporal, tu mente estaba en otro lugar.

En casos extremos de abuso constante puede haber tal disociación permanente que se crean múltiples personalidades. Los dos hospitales en los que trabajé se especializaban en personalidades múltiples, así que entendí que ese desdoblamiento de conciencia se crea como mecanismo de defensa durante situaciones de abuso.

En casos menos extremos, la disociación se da en términos de perder la noción del tiempo, olvidar cómo llegaste a un lugar y vivir en un mundo de fantasía fuera de contacto con la realidad. También incluye soñar despierto constantemente o escapar por medio de la fantasía en novelas, televisión o películas.

Sabes que estás con una persona disociativa cuando crees que no está escuchándote, sus ojos están ausentes, su voz es monótona y sientes que "no está" contigo.

Codependencia:
AGRADAR A LA GENTE Y COMPRAR AMOR

Si no te sientes digno del amor o la amistad, quizá lo exageres tratando de "ganarte" el amor de otras personas con regalos, dinero o haciéndoles favores. Esto resulta en que la gente está contigo, pero no porque le agrades.

La codependencia se crea a través de "adular" por experimentar un trauma. Parecido al famoso "Síndrome de Estocolmo", en el que los prisioneros comienzan a simpatizar con sus captores, adular significa que intentas controlar las relaciones dolorosas agradando a la otra persona.

En la codependencia aprendes a sintonizar con los sentimientos de la otra persona, de manera que sabes qué decir o hacer para obtener su aprobación. Esto hace que pierdas contacto con tus propias emociones.

Además, en este estilo unilateral de dar, solo atraes gente que recibe. La gente que siempre trata de agradar suele estar rodeada de "recibidores". ¡Con razón se siente sola! Finalmente, no ha mostrado a nadie su lado vulnerable de ser infeliz. Más bien, finge que siempre está encantada de ayudar, cuando por dentro está rezando por que alguien le dé, aunque sea una vez.

Si intentas comprar amor con dinero o rescatando a otras personas, no te sorprendas si después solo te quieren por tu dinero o por lo que haces por ellas. Y tampoco te sorprendas si —cuando dejes de darles todo— esas personas se salen de tu vida.

La verdadera amistad requiere inversión de tiempo y energía, por ambas partes.

*.   *.   *.

Además de estas cuatro personalidades relacionadas a los traumas identificadas por Walker, las investigaciones postraumáticas descubrieron que la personalidad evasiva (descrita anteriormente) es resultado de traumas sin sanar, así como de personalidades histriónicas y *borderline*.

PERSONALIDAD HISTRIÓNICA

Parecida al narcisismo, la personalidad histriónica significa una constante necesidad de atraer la atención a uno mismo. La persona suele ser seductora, provocativa y emocionalmente hueca. En una conversación, la persona histriónica exagera para llamar la atención, suele usar mucho palabras como *siempre* y *nunca*. Estas personas muchas veces reciben el nombre de "reinas del drama" por su reacción exagerada a todo y asumen que lo peor va a pasar.

Similar a los narcisistas, las personas histriónicas reprimen mucho su enojo y la sensación de que son víctimas de una manera especial. Por lo general involucran a los demás en sus discusiones dramáticas.

Personalidad *BORDERLINE*

La personalidad *borderline* sucede cuando una persona tiene un patrón generalizado de inestabilidad en sus relaciones, en la imagen que tiene de sí misma y en su comportamiento. Esta persona no sabe quién es y no tiene sentido de identidad; cambia de gustos y opiniones según las personas con quien esté o las circunstancias que la rodean.

Hay una fuerte correlación entre tener síntomas postraumáticos y la personalidad *borderline*, pues ambos surgen a partir de un trauma prolongado durante la niñez. La gente se busca a sí misma de manera desesperada, sin embargo, lo que suele buscar es que una persona o situación sea la llave mágica que acabe con su búsqueda. Cuando se dé cuenta de que las búsquedas en el exterior son inútiles, finalmente comenzará el proceso de sanación de mirar hacia dentro y descubrirse a sí misma.

Las descripciones anteriores se llaman "trastornos de la personalidad" porque el modelo sicológico equipara la palabra *trastorno* con la necesidad de recibir tratamiento. Tiene sentido, pero decir que alguien está "trastornado" es desalentador. Es mejor pensar en la palabra *trastornado* como pensarías de un clóset que no está ordenado. Los trastornos de personalidad implican una forma de vida desarreglada y desorganizada.

Quizá te reconozcas en estas descripciones, que son una información útil para que pongas atención. Los métodos de sanación descritos en la segunda parte de este libro son muy buenos para reducir la ansiedad que está detrás de estos problemas de personalidad.

¿PUEDE SANARSE ESTA AMISTAD?

Es entendible que te reconozcas a ti mismo o a tus amigos en este capítulo. Finalmente, solemos juntarnos con gente que piensa como nosotros, de manera que, si has padecido traumas eres atraído a personas que han vivido experiencias similares.

También hay un roto para un descosido en cuanto a combinaciones de problemas de personalidad. Por ejemplo, los narcisistas, que quieren controlar a todos, suelen ser atraídos por los codependientes, que quieren hacer feliz a todo el mundo. El problema es que el codependiente se vuelve esclavo del narcisista al creer que así lo hará feliz. Debido a que el narcisista es inherentemente infeliz, el codependiente nunca obtiene la recompensa por hacer que alguien sea feliz. Así que ambas disfunciones se alejan una de la otra.

Como veremos en el siguiente capítulo, las relaciones sanas están formadas por dos personas que están conscientes de sus problemas emocionales y están dispuestas a trabajar en ellos. Todos tenemos algún asunto personal del que debemos aprender y mejorar. Sin embargo, aquellos que se ponen a la defensiva y no miran sus propios problemas están estancados emocionalmente. El miedo que sienten de mirar hacia dentro los mantiene apartados de la verdadera felicidad e intimidad.

Hay maneras amorosas y asertivas de hablar sobre los problemas emocionales de alguien, lo cual abre la puerta para compartir sentimientos. Las acusaciones agresivas la cierran de un portazo.

Sé dueño de tus sentimientos en la discusión, como: "Me siento (nombre de la emoción) cuando (ejemplo de situaciones que despiertan ese sentimiento)".

Esto es mucho mejor que acusar y decir: "¡Me haces enojar!".

Cuando alguien es acusado o culpado, esa persona se cierra y no escucha lo que estás diciendo, y más si se trata de alguien hipersensible debido a un trauma.

Por ejemplo, si tu amigo llega tarde de manera constante para reunirse contigo, le puedes decir: "Me siento abandonado y que no me respetas cuando no llegas a la hora que quedamos, y no me gusta sentirme así". Y después busquen soluciones y alternativas para que no vuelva a pasar.

No digas amenazas ni advertencias a menos que estés preparado para respaldarlas con una acción.

Si tienes fobia a los conflictos, entonces tener una plática honesta te ayudará a enfrentarte y sobreponerte a ese miedo. La amistad se vuelve más íntima conforme ambas personas trabajan juntas para vencer los problemas.

Capítulo trece
Relaciones
románticas brillantes

Permíteme empezar este capítulo diciendo que he aprendido mucho sobre el amor, a golpes. Aunque he tomado cursos de sicología en la escuela y después de graduarme, incluyendo los cursos necesarios para ser consejera matrimonial y familiar, he aprendido más por estar en relaciones perjudiciales.

Mis padres, casados desde que eran adolescentes (van a cumplir 60 años de casados), tienen una de esas relaciones románticas de "mejor amigo" con las que todos hemos soñado. Se adoran. De manera que, mis estándares para el matrimonio eran altos y me lastimaba cuando no era capaz de cumplirlos. Finalmente, me di cuenta de que encontrar el amor verdadero significaba encontrar el amor dentro de mí.

BÚSQUEDA INCESANTE DE AMOR Y SATISFACCIÓN

Anhelar ser amado en una relación segura y de respeto mutuo son deseos humanos normales. Mereces que esas características formen parte de tu relación. ¡Todos nos lo merecemos!

Si tu vida amorosa ha sido una decepción tras otra, quizá se deba a que hace falta el punto de partida de amor por uno mismo. Has oído infinidad de veces que "No puedes amar a nadie si no te amas a ti mismo". Pero todos seguimos estudiando para aprendernos esa lección. Muy pocas personas han dominado el arte de aceptarse por completo.

Si puedes empezar por interesarte en si te sientes feliz o no y en preocuparte de si tienes dolor emocional, estás en un gran punto de partida. Cuando te interesas por ti mismo arreglas tu vida para que alguien se interese por ti. No te conformas con una relación en la que te traten mal y no se preocupen por ti.

En una relación, en todo momento estamos enseñándole al otro cómo queremos que nos trate. Esto se llama "límites", es decir, tus mínimos —lo que aceptas y lo que no aceptas.

Sin amor por ti mismo, apruebas a la primera persona que te ponga atención, sin importar cómo te trate. Estás más preocupado por si le agradas que en si esa persona te atrae a ti. Te fijas en que el corazón se te acelera y sientes mariposas cuando estás con el objeto de tu afecto, en lugar de preguntarte si te emocionas porque tu química está reaccionando al estar con otra persona disfuncional.

¿Es alguien que te atrae de manera mental, emocional y espiritual? ¿Es solo atracción física? ¿Emoción ante la posibilidad de rescatar a esa persona o cambiarla? ¿Es desesperación por no estar solo?

Si has elegido parejas románticas con base en la química que sentían, ¿funcionó la relación? Si no funcionó es señal de que el radar de esa pareja potencial está sintonizado en la frecuencia de disfunción.

Por lo general, esto se debe a que captamos señales sutiles de que una persona nueva tiene las mismas disfunciones que uno de nuestros padres. Es un deseo arraigado de cambiar a ese padre para que sea alguien que nos haga sentir amados. Cuando la nueva pareja romántica no puede cumplir esa fantasía porque su corazón está cerrado debido a que no ha sanado los síntomas de sus traumas, volvemos a sentirnos decepcionados.

En contraste, cuando te amas a ti mismo, te das tiempo para conocer a la persona antes de comprometerte por completo. Revisas tus propios sentimientos para ver si esa persona podrá contribuir a tu crecimiento emocional, intelectual y espiritual. Si descubres focos rojos de advertencia (falta de ética o de conciencia de sí mismo, por ejemplo, o que tiende a culpar a los demás o que tiene problemas de abuso de sustancias), aléjate de la relación en lugar de involucrarte más.

Relaciones adictivas

Si tienes tendencia a las adicciones, quizá tengas una "personalidad adictiva". Es la inclinación a exagerar todo en un intento por sentirse mejor. También puedes tener predisposición genética hacia el alcoholismo o consumo de drogas (si algún pariente también padeció esos problemas).

Para quienes son propensos a las adicciones, incluso una pequeña cantidad de alcohol o droga tiene un impacto emocional y cierra su corazón. La gente que siente que la vida la supera, que siente que todo es demasiado doloroso, suele insensibilizarse con químicos.

Si tienes una relación con alguien adicto a sustancias (alcohol o drogas), tus necesidades de amor no serán satisfechas. La persona no es capaz de darte el amor que deseas (y *mereces*) porque sus emociones están adormecidas por los químicos.

Es más, cuando la gente está drogada, borracha o cruda suele decir y hacer cosas que no diría ni haría cuando está sobria. Estas escapadas dramáticas ocasionan una montaña rusa de problemas en la relación, incluyendo terminar muchas veces con la misma persona.

El amor adictivo también incluye tener muchas citas; tienes tanto miedo de estar solo y estás tan desesperado por sentirte amado que conectas con quien sea. Las relaciones breves y el sexo de una noche se basan en el amor adictivo.

Si las adicciones comienzan a interferir con tu trabajo, ingresos, reputación, salud u otros aspectos importantes de tu vida, entonces necesitas ayuda profesional para manejar adicciones. La sicoterapia específica para adicciones y el apoyo como el que ofrece el programa de doce pasos son excelentes formas de ayuda.

SÍNDROME DEL SEÑOR DARCY

Durante muchos años trabajé como terapeuta de adicciones y confío en el proceso. Pero, ¿por qué tuve relaciones dolorosas si tengo experiencia como terapeuta y soy una persona intuitiva cuyos padres tienen un buen matrimonio? Algo tenía que haber aprendido, ¿no?

Quizá, como me pasó a mí, te has sentido atraído por "chicos malos" (o "chicas malas"). Obviamente es parte del ciclo de adicción trauma-drama-estrés. Pocas cosas en la vida son más estresantes que tener una pareja romántica conflictiva.

En la novela de Jane Austen, *Orgullo y prejuicio*, el corazón de Lizzie Bennet se acelera cuando ve al Sr. Darcy, pero él solo frunce el ceño y la ignora. Cuando la lees, el corazón se te acelera junto con el de ella. Aunque, finalmente el Sr. Darcy se suaviza y se abre, en la vida real, la mayoría de los chicos malos sigue con esa actitud defensiva de *me vale lo que pienses* en las relaciones románticas.

¿Por qué nos atraen los chicos malos? Los investigadores dicen que las mujeres heterosexuales se sienten atraídas por hombres rudos debido a nuestra antigua necesidad de tener a un proveedor y protector fuerte.

> ### ¿POR QUÉ NOS SENTIMOS ATRAÍDOS POR LOS CHICOS MALOS?

Además, las relaciones con personas malas nos dan refuerzo variable, algo parecido a las máquinas tragamonedas del casino. Nunca sabes en qué momento la relación te recompensará con romance o recibirás un castigo frío como el hielo. Esto conduce a la adicción a la relación tóxica.

La interacción con personas malas es sicológicamente abusadora, porque sueles culparte por el mal humor o el distanciamiento de tu pareja. Si esa persona además consume drogas o alcohol (que suele ser el caso en los chicos malos), la relación se vuelve aún más flamable.

Cuando la situación es impredecible, se libera el químico cerebral del bienestar, la dopamina, como en el caso de una relación llena de drama. De manera que es parte de la hipervigilancia postraumática. Además, se libera dopamina cuando anticipamos una posible recompensa, como controlar a una persona. Por eso es una experiencia adictiva el emocionarse sobre algo que va a suceder en el futuro.

Los investigadores también aseguran que tenemos la creencia innata de que, mientras más trabajo nos cueste obtener algo, más vale la pena. En cierto nivel, nos gustan los retos. Esto hace que ignoremos a esa persona buena pero predecible que quiere amarnos y nos fijamos en la persona mala, impredecible y poco fiable... hasta que no nos lastiman lo suficiente como para aprender a valorar una relación estable y confiable.

También existe la creencia sumamente arraigada de que una relación segura y predecible es aburrida. Entonces, conoces a una "buena persona", bostezas porque no te interesa y te vas con la persona que hace que el corazón se te acelere.

Esa conexión física y energética se llama "química", pero si la sintonía de tu amor solo se activa con personas inalcanzables e indiferentes, entonces la química no es el camino para que definas la compatibilidad.

La gente que ha padecido traumas suele pasar por alto las señales de advertencia cuando conoce a alguien. Mal humor, historial de violencia y forma ruda de hablar son señales de que acabas de conocer a un abusador potencial. Pero, si encerraste tus sentimientos es probable que deseches esas señales o que te emocionen.

Además, los abusadores son expertos en el arte de fingir que son buenas personas como vía para seducir. Por esa razón es esencial irse despacio en todas las relaciones, para que puedas conocer a la persona verdadera. Pregúntale por qué terminó su última relación y escucha con atención la respuesta. Si escuchas que culpa a su antigua pareja y no asume su parte de responsabilidad por los problemas de la relación, es señal de que te culpará a ti en el futuro.

R.E.S.P.E.T.O.

El respeto mutuo es esencial para que exista una relación feliz, sana y duradera. Un estudio muestra que las parejas que no se respetan mutuamente son propensas a estar alejadas más tiempo después de una discusión que las parejas que sí se respetan. Respetarse mutuamente es una forma de comunicarse honestamente, terminar las discusiones y pasar a la fase de sanación.

Es esencial respetar el proceso de comunicación, no solo por la relación, sino por la salud de ambas partes. Un estudio sobre "formas de discutir" de las parejas descubrió que, cuando un miembro de la pareja se cierra y se desvía de la conversación o se aleja, ambas partes sufren físicamente. Los dañinos resultados son aumento de las hormonas del estrés, sentimientos dolorosos de rechazo y cambios en la presión arterial.

El respeto es bilateral. Si estás sanando los síntomas de tus traumas, necesitas estar consciente de las tendencias agresivas hacia tu pareja romántica, y contenerlas.

Siempre que se reúnen dos o más personas seguramente tendrán diferentes opiniones. Lo importante no es que se presente un conflicto, sino la manera en que lo manejas.

POR QUÉ ES MEJOR ESTAR SOLO QUE EN UNA RELACIÓN DAÑINA

El miedo a estar solos es una de las razones por las cuales nos conformamos con una relación dañina. El gran filósofo y matemático Blaise Pascal lo dijo mejor: "Los problemas de los humanos se derivan de la incapacidad del hombre de permanecer tranquilamente solo en una habitación". La frase aplica a hombres y mujeres por igual, y posiblemente a niños también.

¿Por qué es tan difícil estar solo? La razón principal es porque no has desarrollado una relación de mejor amigo contigo mismo. Si...

* Cumples las promesas que te haces a ti mismo.
* Cuidas bien a tu cuerpo.
* No te traicionas.
* No te exiges más allá de tu nivel de energía.
* Descansas cuando lo necesitas.
* Te diviertes.
* Te regalas cosas.
* Te halagas sinceramente.
* Inviertes el tiempo de maneras significativas.

...entonces estás tratándote como si fueras tu mejor amigo. Disfrutas estar solo si disfrutas de tu compañía y eres bueno contigo mismo —igual que disfrutas de la compañía de la gente que es buena contigo.

Es mejor estar solo que en una relación dañina llena de drama hostil, en especial si tu pareja se niega a ver sus problemas o no te acompaña a tu terapia. Si hay niños involucrados en la relación es mejor que estén lejos de las discusiones y la infelicidad. Asegúrate de trabajar en las razones por las que empezaste esa relación o terminarás en otra relación con las mismas dinámicas disfuncionales.

¿En dónde está?

Si actualmente estás soltero y deseas tener una relación romántica sana es probable que te preguntes dónde encontrar una pareja romántica emocionalmente funcional.

Primero, procura lidiar con los problemas que te llevaron a tus relaciones dañinas anteriores. Asegúrate de no señalar a tus exparejas como las únicas culpables de tus fracasos. A menos que hayas estado en un matrimonio arreglado, tú fuiste quien escogió a esa pareja y quien decidió estar con ella.

Asumir tu responsabilidad por las decisiones que tomaste en el pasado no significa culparte. La culpa y el remordimiento no ayudan, pero es esencial entender las razones que hay detrás de tus decisiones. Esta información te ayudará a entenderte y aumentará las posibilidades de que no repitas el mismo patrón.

Al estar pendiente de tus acciones sabrás si ya estás listo para un amor sano. Si sigues atraído por parejas que no están disponibles, que son adictas o inadecuadas, entonces eso significa que todavía te falta "cocción" y que no estás listo para salir del horno. Vuelve a la terapia.

Eres como una rosa que florecerá cuando sea el momento adecuado. No puedes abrir a la fuerza los pétalos de la disposición a las relaciones. De hecho, estar desesperado por encontrar el amor significa que hay miedo detrás y necesitas solucionarlo.

No es sano buscar a una pareja para que te arregle la vida. Esa estrategia solo atrae a un rescatador codependiente y, en una relación basada en el miedo, tus necesidades de amor no serán satisfechas. Más bien, primero tienes que rescatarte a ti mismo y así poder estar en una relación que se base en el *amor* (no en el miedo) con una pareja sana.

Así que aprovecha este tiempo de soltería para reparar lo que necesite ser arreglado en tu vida: paga tus deudas económicas, céntrate en tu trabajo, haz una labor de perdón, cuida tu cuerpo, etcétera. Te sentirás mucho mejor contigo y esa nueva confianza en ti mismo será atractiva para una pareja romántica emocionalmente segura.

A todos nos da miedo que nos lastimen; la pregunta es: ¿qué vas a *hacer* con esos miedos? Respuesta *sana*: "Voy a identificar esos miedos y entenderlos, pero no dejaré que me controlen". Respuesta perjudicial: "No voy a arriesgarme a que me lastimen, tampoco voy a arriesgarme a investigar mis miedos porque eso sacaría verdades dolorosas".

Así que, las decisiones que tomas en cuanto a parejas románticas son como un sistema de alerta que señala si estás listo o no. Aunque al principio de la relación creas que tu pareja es maravillosa, una persona tarda alrededor de seis meses en bajar la guardia y mostrar su verdadera personalidad.

Tus amigos pueden ver con claridad a la persona detrás de tu pareja potencial. Si te advierten sobre la persona con quien estás saliendo, ¡escúchalos! Quizá asumas que están celosos y quieren tronar la burbuja romántica en la que vives. Pero si te han demostrado que son buenos amigos, entonces confía en que sus advertencias son parte del cariño que te tienen. ¡Confía en ellos!

De hecho, los amigos son la mejor manera de conocer parejas potenciales. Una encuesta realizada con gente casada durante mucho tiempo demostró que la mayoría se conoció a través de amigos. Y tiene sentido, porque compartes intereses comunes con ellos, así que también compartirás elementos comunes con *sus* amigos. Organiza una fiesta y pide a tus amigos que traigan a otros amigos (incluyendo hermanos solteros).

Así como amigos sanos, puedes conocer parejas potenciales en clases, grupos y clubes (no en antros) que se relacionen con tus intereses. Es cuestión de vencer la ansiedad social y decidir asistir a esas reuniones y animarte a sonreír y decir "hola". Aunque no veas a una pareja potencial en esos grupos, puedes conocer a un excelente amigo. Y nunca se sabe, ¡el hermano de ese nuevo amigo puede ser una pareja sana!

✳.   ✳.   ✳.

Capítulo catorce
Cómo ser tú mismo
con tus familiares

Después de la publicación de mi libro *Reafirmación para los ángeles terrenales* (editado por *Grupo Editorial Tomo*), la pregunta que más me hacían era: "¿Cómo puedo lidiar con los traumas de mis familiares?". En este capítulo está la respuesta.

El estrés postraumático suele heredarse de generación en generación. Por ejemplo, si tu bisabuelo padeció un trauma porque luchó en combate, quizá se alejó emocionalmente de su esposa (tu bisabuela) y su hijo (tu abuelo). Luego, tu abuelo, que tuvo poco contacto con su padre, creció volviéndose emocionalmente distante. Ello afectó a tu padre y ahora te afecta a ti.

Además, puedes traumarte al escuchar horribles detalles de familiares platicando de sus traumas. Un estudio europeo al respecto concluyó: "La presencia del desorden por estrés postraumático (DEPT) en veteranos de guerra se ha relacionado con disfunción familiar y sicopatologías en sus hijos" (Maršanić et al., 2014).

Es una razón importante para que los adultos sean sensatos a la hora de hablar sobre sus traumas frente a los niños y no dejar que vean noticias sobre desastres. Si los niños están expuestos a ese material, un adulto responsable debe ayudarles a procesar la información traumática y a entenderla.

LUCHANDO CON FANTASMAS DEL PASADO

Cuando has padecido traumas puede ser que un *flashback* emocional y la disociación hagan que revivas el patrón de una relación anterior, como si estuviera pasando en el presente. Si sientes que las relaciones con tu familia son pesadillas recurrentes, quizá sea porque estás peleando con fragmentos del pasado. Las discusiones están en piloto automático y en realidad, nadie está presente o consciente en el momento. Sucede con mayor razón cuando los miembros de la familia también exhiben síntomas postraumáticos. En estos casos es un *flashback* de grupo en forma de discusión.

Como asegura Bessel van der Kolk, experto en traumas:

Una persona cuya preocupación principal es estar listo para el siguiente *round*, también es propensa a generar un torrente constante de pensamientos relacionados a la supervivencia. Pueden variar desde rabia obsesiva contra agresores reales e imaginarios hasta una incesante preo-cupación de haber provocado rechazo y abandono (Van der Kolk, 2011).

Es parecido a alucinar que vas a ser atacado. Desgra-ciadamente, lo que esperas suele ser lo que creas o atraes.

Si tú también has padecido traumas, quizá te unas a la fijación constante de los familiares de "el mundo está en mi contra". La pregunta es: ¿te unes a esa fantasía de ataque porque tus propios antecedentes de traumas están creando disociación o en verdad ayudas a esa persona diciéndo-le que el peligro solo existe en su cabeza? La respuesta es para que tomes el camino más sano para ti. Conforme te vuelves más fuerte y recuperas tu chispa, mejor puedes ayudar a los demás a que hagan lo mismo.

Cuando nos lastiman

Podemos intentar sanar nuestros sentimientos con los vie-jos dichos "No podemos controlar la reacción de los de-más, solo nuestra reacción a sus reacciones" y "No te lo tomes personal porque lo que hacen es reflejo de sí mis-mos, no de ti".

Estos dichos ayudan a racionalizar las acciones de los demás, lo cual es útil.

Pero, la espina punzante de las palabras o acciones duras pasa de largo de nuestro intelecto y se va directo a las emociones, las cuales están lastimadas por la crueldad, a menos que nos hayamos adormecido con químicos, comida o disociación... y ya no queremos seguir manejando nuestros sentimientos de maneras dañinas.

Entonces, vamos a explorar cómo mantener abierto el corazón y sentir emociones al mismo tiempo que nos cuidamos del dolor emocional.

LA CIENCIA DE LOS SENTIMIENTOS HERIDOS

Muchos estudios científicos (fisiológicos) y sicológicos han intentado medir y comprender los sentimientos heridos. Incluso existe una definición científica de los sentimientos heridos del doctor Mark Leary, profesor en la Duke University, que ha estudiado el tema exhaustivamente:

Devaluación relacional percibida (o baja evaluación de la relación); es decir, el objetivo [la persona con sentimientos dolidos] percibe que el ofensor considera que la relación es menos valiosa, importante o cercana de lo que le gustaría. (Leary y Springer, 2000).

De manera que te sientes lastimado si alguien en tu familia hace o dice algo que interpretas como que devalúa tu importancia. La clave es la palabra interpretar, porque, como concuerdan los científicos, "los sentimientos heridos son el resultado de la interpretación de las acciones de la pareja".

Obviamente no quieres llenarte de sentimientos heridos. Además, padecer abuso emocional se correlaciona con tener un sistema inmunológico débil. Los científicos creen que mucha gente muere de manera prematura debido a los efectos debilitantes del abuso emocional del que fue objeto.

¿QUÉ ES EL ABUSO EMOCIONAL?

También se conoce como abuso sicológico, verbal o mental, el abuso emocional es la condición en la cual te lastiman constantemente al ser receptor de lo siguiente:

* **Humillaciones**. Que te pongan apodos, que te digan groserías y que te repitan que no eres bueno y que hay algo mal en ti (aunque sea insinuándolo o diciéndolo de broma).
* **Manipulaciones**. Que te nieguen atención, cariño o aprobación hasta que no cumplas con los deseos de la persona. Que seas objeto de juegos mentales crueles.
* **Amenazas**. Que la otra persona te amenace con lastimarte a ti o a alguien que quieres si no cumples sus deseos. También incluye que la persona

amenace con lastimarse y te diga que será culpa tuya.

* **Explotación**. Que te use para su beneficio (como presionarte para que trabajes mientras esa persona se queda con tus ingresos; que te incite a que hagas algo ilegal, inmoral o en contra de tus creencias para su propio beneficio; o que te robe).

* **Culpar**. Que la persona diga o insinúe que todo es culpa tuya.

* **Dominación**. Que te intimide con una cantaleta de palabras de enojo a gritos para que te sometas a su voluntad.

Si has padecido traumas es más probable que tiendas a minimizar los dolorosos efectos que el abuso emocional tiene sobre ti. Aunque no deja señas físicas, el abuso verbal definitivamente crea cicatrices mentales y emocionales. Sientes que no te quieren, te sientes controlado y atrapado. Las humillaciones y manipulaciones constantes crean una atmósfera perjudicial de miedo con la que nadie puede, ni debería, vivir.

Si reconoces que la relación actual es emocionalmente abusiva es primordial que busques apoyo de un terapeuta, una terapia de grupo o una línea de ayuda contra la violencia doméstica. No se trata de que la persona abusiva cambie, sino de que tú estés sano y a salvo.

LIDIANDO CON LA RUDEZA

La rudeza se asocia con problemas de personalidad narcisista y obsesivo-compulsiva. Recordarás que los narcisistas están atorados en el modo "luchar". Tienen enojo guardado por el dolor de sus traumas y quieren agredir al mundo... y tú estás en él. También quieren controlar a todas las personas para evitar más traumas y actúan a partir del miedo subyacente de que no los quieran y los abandonen.

Las personas obsesivo-compulsivas están atoradas en el modo "huir" debido al trauma. Sus miedos relacionados a los traumas están generalizados y creen, de manera subconsciente, que si hubieran sido "perfectas" el trauma no habría pasado. Así que están obsesionadas con la perfección en ellas mismas, en sus hogares y en sus amigos y familiares, porque creen que la perfección los mantendrá a salvo a todos. Ahí es donde entra la rudeza, que es su manera equivocada de relacionarse con los demás.

Los narcisistas no están conscientes de los sentimientos ni de las reacciones de los demás ante su modo controlador y de enojo, y tampoco les importa. Son como niños que solo se centran en que sus miedos sean consolados.

A los obsesivo-compulsivos sí les importan los sentimientos de la gente, pero solo porque son como las calificaciones en la escuela, que demuestran si ellos son perfectos o no. Si se dan cuenta de que te lastimaron, se sienten heridos y temerosos porque es prueba que no son perfectos y, por lo tanto, son vulnerables y no están a salvo. También sienten que no los entienden porque, en su mente, solo estaban intentando ayudarte a que tú estuvieras a salvo al promover la perfección.

Cuatro tipos de rudeza

De acuerdo a la investigación exhaustiva llevada a cabo por el profesor Michael Cunningham, de la Universidad de Louisville, existen cuatro tipos generales de rudeza que él llama "alérgenos sociales", porque todos somos alérgicos a esos comportamientos y nos repelen:

1. **Hábitos groseros**. Por ejemplo, mascar chicle con la boca abierta, eructar, expulsar gases, etcétera, de manera intencionada delante de ti. A menos de que la persona sea pasivo-agresiva (un hermano pequeño pasivo-agresivo puede hacer cualquiera de estas acciones para molestarte), esta forma de rudeza es producto de la ignorancia, falta de atención o de cuidado. Es diferente el caso de alguien que tiene una reacción corporal sin intención alguna (como eructar o expulsar gases), en especial si es debido a una enfermedad.

2. **Acciones egocéntricas**. Las acciones de la otra persona violan tus límites y muestran poco interés en ti, como cuando solo habla de ella misma (narcisismo) y nunca pregunta cómo estás tú.

3. **Violar las normas**. Estos comportamientos no están dirigidos directamente a ti, pero ofenden de igual manera, como alguien en el cine que no deja de hablar.

4. **Groserías intencionales y dirigidas a tu persona**. Incluye darte órdenes de que hagas algo, humillarte en público y otro tipo de abuso verbal.

CUANDO SE TRATA DE TU FAMILIA

El dilema en el que mucha gente se encuentra es cómo convivir un rato con la familia cuando uno o más de los miembros son groseros o abusadores. Por un lado, tienes que alejarte del abuso, que es tóxico para la salud mental, emocional y física. Pero, por otro lado, ¡es parte de la familia! Si te mantienes alejado, la culpa y la tristeza pueden ser tan perjudiciales como el enojo y el daño que sientes cuando estás con ellos. Y para empeorar las cosas, podrían regañarte y excluirte por evitar a la familia.

No existe una solución concreta para todos estos problemas. Cada relación requiere un manejo diferente, dependiendo de:

* **Tu tolerancia al conflicto**. ¿Tienes fobia a los conflictos, huyes de la confrontación? O ¿los conflictos y la confrontación no te molestan? (Cuidado con la adicción al conflicto como parte de la adicción al drama, pues la discordia estimula a las hormonas adictivas del estrés y la dopamina).
* **Cómo te afecta la culpa**. ¿Los sentimientos de culpa te controlan o eres capaz de dejarlos de lado?

Tu estilo personal influye en tu forma de manejar la rudeza o el abuso dentro de tu familia.

No olvides que el punto no es cambiar a la otra persona ni hacer que ofrezca disculpas. El punto es ayudarte a lidiar de manera sana con las dinámicas de la familia. Aunque ansíes sentir que tus familiares te quieren y te aprecian, es posible que no sean capaces de satisfacer esa necesidad. Soñar que un día, bajo ciertas condiciones, tu familia cambiará es un engaño que terminará en decepción.

> **NO OLVIDES QUE EL PUNTO NO ES CAMBIAR A LA OTRA PERSONA NI HACER QUE OFREZCA DISCULPAS. EL PUNTO ES AYUDARTE A LIDIAR DE MANERA SANA CON LAS DINÁMICAS DE LA FAMILIA.**

Así que, veamos opciones para lidiar con familiares cuyas acciones nos lastiman, y los pros y contras de cada método:

• **Distanciarte**: podrías mudarte lejos y solo reunirte con ellos en el chat por Internet y de vez en cuando para las fiestas de fin de año.

Pros: lidias con menos frecuencia con sentimientos dolorosos, abuso y/o dramas.

Contras: extrañas a tus familiares que no son abusivos o deseas proteger a un miembro de la familia inocente que sabes que está sufriendo también.

• **Confrontación**: prepárate para la tormenta porque vas a decirle a los miembros de tu familia exactamente lo que piensas de ellos.

Pros: no te guardas tus sentimientos y los demás saben exactamente qué piensas y qué sientes (aunque no lo entiendan o no estén de acuerdo).

Contras: expresar enojo no es catártico si no resuelves el problema. La confrontación directa con un alcohólico o adicto enojado es potencialmente peligrosa y puede ocasionar abuso físico. Confrontar puede acabar con la posibilidad de cualquier comunicación futura y contacto con la familia.

• **Asertividad**: expresas lo que sientes y piensas de manera firme (como aceptar tus sentimientos en lugar de culpar, con tranquilidad, madurez y hablando de manera amorosa).

Pros: la asertividad te permite sentir más confianza al expresar tus sentimientos. Este método puede ayudarte a vencer la fobia al conflicto.

Contras: si esperas que la asertividad haga que la persona cambie o se disculpe, te sentirás decepcionado.

• **Terapia familiar**: tú y tu familia se reúnen con un sicoterapeuta autorizado para hablar de sus problemas y, con suerte, resolverlos.

Pros: la presencia de un profesional neutral capacitado y que dé apoyo facilita la conversación en un ambiente seguro.

Contras: la terapia puede traer a flote problemas que no se resuelven en una sesión de 50 minutos y el precio puede ser caro.

• **Divorcio familiar**: terminas cualquier tipo de contacto. No vuelves a ver ni a hablar con los miembros de la familia.

Pros: no tienes que preocuparte por lidiar con sus conflictos en persona.

Contras: quizá tengas que lidiar de manera interior con los conflictos familiares, a menos que te sometas a terapia, vayas a grupos de apoyo o hagas alguna otra cosa que sane los dolorosos problemas familiares. Que extrañes a algunos familiares que no estaban involucrados en el conflicto.

De nuevo, no hay una fórmula para nadie. Buscar en tu interior, además de buscar apoyo (como un terapeuta o un padrino para los doce pasos) te ayudará a descubrir las respuestas para esta difícil situación.

Cómo mantener tu identidad de adulto durante las visitas familiares

Si cuando estás con tu familia sientes que pierdes tu identidad adulta, procura llevar contigo un objeto que te recuerde tu vida actual; que te ayude a sentirte poderoso y orgulloso de tus logros. Puede ser un portafolios con proyectos del trabajo, un libro especializado que estés leyendo, grabaciones de tu música favorita o fotos de ti disfrutando de la vida que llevas.

En algunos casos es adecuado llevar a la visita familiar algo que le dé confort emocional a tu niño interior, como un peluche pequeño, tu cobija favorita o tu perro. Obviamente, no vas a sacar la "cobi" ni al peluche frente a tu familia, pero sí puedes subirte al coche y abrazar tu objeto favorito para tranquilizar tus sentimientos.

Si vives con personas que tienen REPT y problemas de enojo procura reducir al mínimo la cantidad de alimentos y bebidas que contengan histamina. Evita el alcohol, que es como echar gasolina al fuego. Tengo unos parientes lejanos de quienes me distancié porque se transformaban como el doctor Jekyll y el señor Hyde en cuanto empezaban a beber vino. Llegaban los insultos y yo me iba. Solo los veo en lugares donde no sirven alcohol o en mi casa, porque son un encanto cuando están sobrios.

Si surgen problemas con la familia política, lo natural es que quieras que tu cónyuge te proteja. Esto puede causar una situación difícil si él toma partido por su familia por cuestiones de lealtad o miedo, o prefiere permanecer pasivo y no defenderte.

No es sensato pedirle a tu cónyuge que rompa el contacto con su familia. Pero tú sí puedes, o por lo menos puedes minimizar el contacto. Le dices a los familiares que ese día estás ocupado y usas el tiempo libre para trabajar en tus prioridades.

Hay muchas opciones para manejar los sentimientos heridos, incluso racionalizarlos para alejarte y repetirte a ti mismo, "Bueno, son sus problemas"; o sentir compasión porque los traumas los han desquiciado. O puedes llorar para hacer catarsis o ser asertivo o no volver a verlos. Todas las decisiones son válidas.

Lo soluciones de la manera que lo soluciones, la situación traerá hormonas de estrés a tu cerebro y tu cuerpo, y como parte de ser responsable es cuidar de ti mismo, en cuanto puedas practica yoga, pon música tranquila, medita, haz una dieta baja en histamina y evita los químicos.

Capítulo quince
Desarrolla relaciones sanas

Por haber padecido traumas quizá sientas que eres diferente o "menos que" la gente que para ti es normal y no tiene problemas. Algunas veces esto se debe a que comparas cómo te sientes por dentro con la manera en que la gente *se ve* por fuera. Esa comparación no es justa para ti, porque aunque parezca que la otra persona lo tiene todo bajo control, quizá esté luchando contra sus inseguridades.

O tal vez se han burlado de ti o han abusado verbalmente y te han puesto apodos, lo cual ocasionó que no te sientas bien contigo mismo, como si algo estuviera mal contigo.

Sentirse socialmente torpe, tímido y sensible hace que sea difícil entablar nuevas amistades y mantenerlas. Si supones que te rechazarán, no es fácil que inicies el contacto con un amigo potencial. Si no te sientes bien contigo mismo, tendrás dudas sobre comenzar una conversación con alguien que no conoces.

Bueno, sí vales y mereces amistades sanas. ¡Igual que todos! Tienes mucho amor que dar y recibir, lo cual es la base de las relaciones sanas.

> **SÍ VALES Y MERECES**
> **AMISTADES SANAS.**

Una amistad sana aporta cosas positivas a tu vida y te proporciona confort, amor y apoyo. Claro que siempre puede haber conflicto cuando se juntan dos o más personas. Pero, en una relación sana, el conflicto se maneja con amor y honestidad mientras se resuelve.

Los estudios muestran que pasar tiempo con amigos reduce los efectos del envejecimiento y aumenta la satisfacción en la vida y el buen humor. Somos animales sociales que necesitan compañía humana.

La clave es elegir amigos que añadan un elemento positivo a tu vida y a quien correspondas con una relación sana. Las investigaciones revelan que solemos elegir amigos parecidos a nosotros, incluso al punto de compartir características biológicas. Así que, si tienes baja autoestima es probable que te atraigan personas que también padezcan problemas de valía personal.

Como mencioné antes, si alguien está consciente de sus problemas y trabaja en ellos (y tú también) hay muchas esperanzas de que sea una relación sana. Con conciencia pueden ser honestos en cuanto a los conflictos del otro, sin estar a la defensiva. Esto es porque defensiva es lo opuesto de conciencia o conocimiento. Es la *negativa* a ver los problemas propios por miedo de lo que descubriremos de nosotros mismos.

La gente sensible suele ser objeto de quienes confunden amabilidad por debilidad. Mi libro *Reafirmación para los ángeles terrenales* se trata de eso. Puesto que los traumas han hecho que te vuelvas más sensible es necesario que estés pendiente de los focos de advertencia cuando conoces a alguien.

Si tus viejos patrones de amistad han sido disfuncionales y te han perjudicado, necesitas hacer un esfuerzo consciente para saber que mereces algo mejor. Todos nos merecemos algo mejor. En lugar de relacionarte con gente que no es consciente de sus problemas, te comprometerás con gente que esté trabajando en sí misma.

Una manera de comenzar es escribir una lista de las cualidades que te gustaría que tuviera un amigo; puedes querer que sea:

✳ Solidario.
✳ Buen escucha.
✳ Cariñoso.

✳ Leal.

✳ Honesto.

✳ Que haga algo por mejorar su vida.

Enumerar los rasgos deseables te ayudará a centrarte cuando conoces a alguien y es menos probable que vuelvas a caer en los viejos hábitos. Así que, si te comprometes a ser amigo de gente honesta, no pasarás por alto cuando alguien presuma de que mintió o violó la ley. Notarás la discrepancia y te dirás: "Las características de esta persona no concuerdan con lo que quiero de un amigo". Entonces, seguirás en el camino hasta encontrar y estar con gente cuyo sentido de la ética concuerde con el tuyo. Es más fácil terminar con una relación perjudicial al principio que esperar a que se hayan formado lazos.

Ahora, no es lo mismo tener estándares para tus amigos que tener *expectativas irreales* que bloqueen la relación. Una forma de evitar relaciones es tener ideales perfeccionistas de tus amigos y tu familia, estándares que nadie puede cumplir, lo cual te asegura que te quedarás solo.

No hay nadie perfecto, solo personas que (1) están conscientes de sus problemas y trabajan de manera activa para mejorar o (2) no están conscientes de sus problemas ni están dispuestas a trabajar en ellos.

DÓNDE Y CÓMO CONOCER
AMIGOS SANOS

Somos atraídos por personas con las que podemos relacionarnos, con quienes compartimos elementos comunes. En el pasado, inconscientemente creaste lazos con gente con quien compartías tendencias de adicción al drama. Quizá se conectaron debido a las heridas emocionales que tenían en común.

¿Te sorprendió que la relación se hubiera centrado alrededor del drama y la negatividad? ¿Pasaban el tiempo oyendo el problema más reciente del otro? ¿Estás cansado de esa dinámica?

Los estudios muestran que hablar constantemente sobre nuestros problemas con los amigos nos hace sentir deprimidos, lo cual nos quita energía para idear soluciones. Está bien hablar sobre lo que sentimos, pero no cuando se trata de una conversación de tragedias en las que somos víctimas sin posibilidades de mejorar la situación.

Establecer amistades sanas significa encontrar personas sanas. Y ¿dónde encontramos gente sana? ¡Pues en lugares *sanos*!

Los lugares sanos son sitios en donde te involucras activamente en actividades benéficas. Por ejemplo:

* Lugares donde se imparte yoga.
* Gimnasios.
* Centros de sanación.
* Librerías.
* Centros espirituales.
* Iglesias o templos.
* Vigilias de oración.
* Parques para perros.
* Sendas de caminatas.
* Clases de meditación.
* Salones orgánicos.
* Eventos de caridad.
* Restaurantes saludables.
* Tiendas ecológicas.
* Escuelas Waldorf y Montessori o instituciones de cuidado de niños progresivo.

No quiero decir que todas las personas que conozcas en estos sitios estén emocionalmente sanas, ¡obviamente que no! Pero, tienes mayores posibilidades de encontrar amistades compatibles y saludables si asistes a lugares que se basan en el mejoramiento personal.

Las clases son uno de los mejores lugares para establecer amistades duraderas porque está casi garantizado que encontrarás gente con intereses afines. Digamos que siempre has querido aprender fotografía, redacción, buceo o ciclismo. En casi todas las ciudades grandes hay centros donde se imparten estas actividades.

Es más fácil conectar con alguien cuando coinciden durante varias clases que cuando lo hacen por un solo día. Por lo general, la gente necesita uno o dos días para liberarse de las inhibiciones sociales y los nervios. Para el tercer día hay más convivencia.

En los colegios locales puedes encontrar este tipo de clases; también en los centros de educación para adultos y en los centros de la comunidad. En Internet hay muchas opciones de clases o puedes crear un grupo tú mismo y atraer a vecinos que compartan tus intereses. Te sorprenderá la cantidad de gente interesante que vive cerca de ti.

Cuando conozcas a alguien sé consciente de tus reacciones corporales. ¿Sientes tensión en los músculos de la mandíbula o del estómago? Puede ser señal de que la persona te intimida.

Investiga más a fondo esa sensación y date cuenta si te sientes intimidado porque la otra persona está tratando de "imponerse energéticamente" y ser un "acosador energético" (al acaparar la conversación todo el tiempo o hablar en voz muy alta, con palabras o lenguaje corporal rudos). ¿Sientes que esa persona y tú están compitiendo entre sí?

¿Te sientes intimidado porque admiras a esa persona y sientes que está fuera de tu alcance? En una situación así es bueno que recuerdes que antes no funcionó que te hicieras amigo de alguien a quien no admirabas. Quieres y mereces tener amigos que te alienten y te apoyen, no que te arrastren.

Recuerda, lo importante no es cuántos amigos tienes sino la calidad de las amistades. Incluso una buena amistad construida sobre respeto mutuo y otras cualidades sanas, te ayudará a brillar durante el día.

Epílogo
Deja de estresarte y comienza a estirarte

El drama es un hábito destructivo que tiene bases sicológicas, igual que cualquier adicción destructiva. El problema es que la adicción al drama se crea durante situaciones dolorosas y atemorizantes, y cada nuevo drama perpetúa los constantes efectos perjudiciales del trauma original.

Afortunadamente, existe una salida saludable. Lo primero y lo más importante es estar consciente de las señales internas. Obsérvate cuando te sientas enojado, frustrado, solo, en competencia, aterrado, etcétera. No reacciones de inmediato a estos hábitos basados en el trauma.

Como hemos visto, la gente que ha padecido traumas es más propensa a vivir experiencias estresantes y a reaccionar a ellas de maneras exageradas. Las reacciones impulsivas al estrés incluyen tendencia a sentir pánico, dramatizar, disociar, intentar controlar y luchar. Sin embargo, como muestran las investigaciones, dichos patrones son perjudiciales para tu cuerpo y tus relaciones.

Hay factores estresantes de la vida que no podemos controlar. No obstante, *sí podemos* controlar nuestra forma de reaccionar al estrés.

Cuando te des cuenta de que estás volviendo a los patrones oscuros yin o yang (competitividad, control, autodestrucción, dudas de uno mismo, adicciones y similares), es señal de que debes añadir más luz a tu vida. Incluso cuando un estado de ánimo oscuro te convenza de que no mereces ser feliz o sientas que es imposible lograr la paz interior, es esencial que hagas algo para restaurar tu brillo interior.

Hacer algo que te ayude a sacar energía acumulada, en especial si el trauma original tuvo como resultado la respuesta de "pasmarse". Hacer algo tan sencillo como levantarte y caminar o estirar los brazos te permitirá liberar de forma saludable las emociones acumuladas. Esto reducirá el nivel de las hormonas del estrés en tu cuerpo.

Si estás molesto, no te guardes lo que sientes ni trates de bloquear la conciencia por medio de comportamientos adictivos. Mejor haz algo para expresar tus emociones de maneras positivas, como escribir una canción, escribir en un diario, hacer ejercicio, pintar o bailar. Mucha gente creativa y exitosa descubrió que sus momentos más oscuros fueron la inspiración para sus canciones, libros, pinturas, etcétera.

También es bueno escribir una carta dirigida a la persona con la que estás enojado. Saca tus sentimientos y no dejes nada guardado. Luego, de manera ceremonial, quema la carta. Después de esperar uno o dos días para enfriarte, puedes mandar a la persona una versión más sensata de la carta. De esta manera, la carta expresará tus sentimientos presentes y no tus emociones reactivas.

Entonces, (1) date cuenta de tus sentimientos emocionales y físicos, después (2) haz algo para dispersar y canalizar esos sentimientos de manera productiva, o por lo menos que no sean perjudiciales.

Como has leído durante este libro, casi todos hemos vivido circunstancias dramáticas. Pero no hace falta que el pasado decida nuestro futuro. No podemos dejar que "gane" la energía del miedo que está detrás de las situaciones de abuso.

Cada quien necesita encargarse de su propia felicidad y salud. Y, al hacerlo, también detenemos el ciclo trauma-drama que nos rodea. Es una gran bendición para nuestros seres queridos y, básicamente, una contribución para nuestro mundo.

Cuando brillas, inspiras a los demás a que hagan lo mismo. Te vuelves una vela que da al mundo esa luz que tanta falta hace. Los demás reconocen tu chispa aunque no entiendan por qué. Tu chispa desencadena un recuerdo dentro de los demás que podría ser el catalizador para que recuperen la suya.

Así que, ¡brilla! Y no dejes que *nada* opaque tu chispa.

Bibliografía

Abbaoui, B., *et al.* (noviembre 2012). Inhibition of bladder cancer by broccoli isothiocyanates sulforaphane and erucin: Characterization, metabolism, and interconversion. *Mol Nutr Food Res*, 56(11), 1675–87.

Amsterdam, J. D., *et al.* (agosto 2009). A randomized, double-blind, placebo-controlled trial of oral Matricaria recutita (chamomile) extract therapy for generalized anxiety disorder. *J Clin Psychopharmacol*, 29(4), 378–82.

Amsterdam, J. D., *et al.* (septiembre-octubre 2012). "Chamomile (*Matricaria recutita*) may provide antidepressant activity in anxious, depressed humans: An exploratory study". *Altern Ther Health Med*, 18(5), 44–9.

Araneta, M., Allison, M. A., Barrett-Connor, E., y Kanaya, A. M. (22 junio 2013). Overall and regional fat change: Results from the Practice of Restorative Yoga or Stretching for Metabolic Syndrome (PRYSMS) study. Resultados presentados en la: 73.ª sesión científica de la Asociación Estadounidense de Diabetes Chicago, IL.

Arora, S., y Bhattaharjee, J. (julio-diciembre 2008). Modulation of immune responses in stress by yoga. *Int J Yoga*, 1(2), 45–55.

Atsumi, T., y Tonosaki, K. (2007). Smelling lavender and rose-mary increases free radical scavenging activity and decreases cortisol level in saliva. *Psychiatry Res*, 150, 89–96.

Bagga, O. P., y Gandhi, A. (enero-febrero 1983). A comparative study of the effect of Transcendental Meditation (T.M.) and Shavasana practice on cardiovascular system. *Indian Heart Journal*, 35(1), 39–45.

Bayer-Topilsky, T., *et al.* (octubre 2013). Psycho-emotional mani-festations of valvular heart diseases: Prospective assessment in mitral regurgitation. *Am J Med*, 126(10), 916–24.

Birnbaum, L. S. (julio 2013). When environmental chemicals act like uncontrolled medicine. *Trends Endocrinol Metab*, 24(7), 321–3.

Boiten, F. A., Frijda, N. H., y Wientjes, C. J. E. (1994). Emotion and respiratory patterns: A review and critical analysis. *International Journal of Psycho- physiology*, 17(2), 103–128.

Brabant, C., Alleva, L., Quertemont, E., y Tirelli, E. (noviembre 2010). Involvement of the brain histaminergic system in addic-tion and addiction-related behaviors: A comprehensive review with emphasis on the potential therapeutic use of histami-nergic compounds in drug dependence. *Prog Neurobiol*, 92(3), 421–41.

Breslau, N., Davis, G. C., Andreski, P., y Peterson, E. (marzo 1991). Traumatic events and post-traumatic stress disorder in an urban population of young adults. *Arch Gen Psychiatry*, 48(3), 216–22.

Bricker, G. V. (octubre 2014). Isothiocyanate metabolism, distribution, and interconversion in mice following consumption of thermally processed broccoli sprouts or purified sulforaphane. *Mol Nutr Food Res*, 58(10), 1991–2000.

Brown, N. W. (2008). *Children of the Self-Absorbed* (2.ª ed.). Oakland, CA: New Harbinger Publications, Inc.

Bruhn, C. (2014). The reward system of the brain: The brain loves surprises. *Dtsch Med Wochenschr*, 139(18), 928–9.

Cable, N., Bartley, M., Chandola, T., y Sacker, A. (2013). Friends are equally important to men and women, but family matters more for men's well-being. *J Epidemiol Community Health*, 67(2), 166–71.

Casement, M. D., *et al.* (1 mayo 2014). Life stress in adolescence predicts early adult reward- related brain function and alcohol dependence. *Soc Cogn Affect Neurosci*. Recuperado de www.ncbi.nlm.nih.gov/pubmed/24795442

Cheren, M., *et al.* (2009). Physical craving and food addiction. *The Food Addiction Institute*. Recuperado de http://foodaddictioninstitute.org/scientific-research/physical-craving-and-food-addiction-a -scientific-review

Clay, R. A. (enero 2011). Stressed in America. *American Psychological Association*, 42(1), 60.

Clement, A. M., y Clement, B. R. (2011). *Killer Clothes*. Summertown, TN: Hippocrates Publications.

Colantuoni, C., *et al.* (2002). Evidence that intermittent, excessive sugar intake causes endogenous opioid dependence. *Obesity Research*, 10, 478–88.

Collinge W., Kahn J., y Soltysik R. (diciembre 2012). Promoting reintegration of National Guard veterans and their partners using a self-directed program of integrative therapies: A pilot study. *Mil Med*, 177(12), 1477–85.

Currier, J. M., Holland, J. M., y Drescher, K. D. (26 enero 2015). Spirituality factors in the prediction of outcomes of PTSD treatment for U. S. military veterans. *Journal of Traumatic Stress.* doi: 10.1002/jts.21978

Davidson, J. R., Hughes, D., Blazer, D. G., y George, L. K. (agosto 1991). Posttraumatic stress disorder in the community: An epidemiological study. *Psychol Med*, 21(3), 713–21.

Bibliografía

Delisle, I. (noviembre 1998). Solitude. *The Canadian Nurse*, 94(10), 40–1, 44.

Dietz, T. J., Davis, D., y Pennings, J. (2012). Evaluating animal-assisted therapy in group treatment for child sexual abuse. *J Child Sex Abus*, 21(6), 665–83.

DiMauro, J., Carter, S., Folk, J. B., y Kashdan, T. B. (diciembre 2014). A historical review of trauma-related diagnoses to reconsider the heterogeneity of PTSD. *J Anxiety Disord*, 28(8), 774–86.

Eikenaes, I., *et al.* (diciembre 2013). Personality functioning in patients with avoidant personality disorder and social phobia. *J Pers Disord*, 27(6), 746–63.

England, D. (2009). *The Post-traumatic Stress Disorder Relationship*. Avon, MA: Adams Media.

Environmental Protection Agency (U. S.). (2009). Toxicological Review of Tetrachloroethylene (Perchloroethylene).

———. (enero 2015). Fact Sheet on Perchloroethylene, also known as Tetrachloroethylene.

Epel, E. S., *et al.* (2000). Stress and body shape: Stress-induced cortisol secretion is consistently greater among women with central fat. *Psychosomatic Medicine*, 62(5), 623–32.

Eutamene, H., Theodorou, V., Fioramonti, J., y Bueno, L. (15 diciembre 2003). Acute stress modulates the histamine content of mast cells in the gastrointestinal tract through interleukin-1 and corticotropin-releasing factor release in rats. J Physiol, 553(Pt 3), 959–66.

Ezemonye, L., y Ikpesu, T. O. (septiembre 2011). Evaluation of sub-lethal effects of endosulfan on cortisol secretion, glutathione S-transferase and acetylcholin-esterase activities in Clarias gariepinus. Food Chem Toxicol, 49(9), 1898–903.

Fava, M., *et al.* (octubre 2005). A double-blind, randomized trial of St John's wort, fluoxetine, and placebo in major depressive disorder. J Clin Psychopharmacol, 25(5), 441–7.

Ferguson, P. E., Persinger, D., y Steele, M. (17 marzo 2010). Resolving dilemmas through bodywork. Int J Ther Massage Bodywork, 3(1), 41–7.

Field, T. (enero 2002). Massage therapy. Med Clin North Am, 86(1), 163–71.

Field, T., *et al.* (octubre 2005). Cortisol decreases and serotonin and dopamine increase following massage therapy. Int J Neurosci, 115(10), 1397–413.

Finkelhor, D., Ormrod, R. K., y Turner, H. A. (mayo 2007). Re-victimization patterns in a national longitudinal sample of children and youth. *Child Abuse and Neglect*, 31(5), 479–502.

Friedman, L. C., *et al.* (abril 1992). The relationship of dispositional optimism, daily life stress, and domestic environment to coping methods used by cancer patients. *Journal of Behavioral Medicine*, 15(2), 127–41.

Fu, W., Sood, S., y Hedges, D. W. (2010). Hippocampal volume deficits associated with exposure to psychological trauma and posttraumatic stress disorder in adults: A meta-analysis. *Progress in Neuro-Psychopharmacology and Biological Psychiatry*, 34(7), 1181–8.

Fujimaki, H., Kawagoe A., Bissonnette, E., y Befus, D. (1992). Mast cell response to formaldehyde. 1. Modulation of mediator release. *Int Arch Allergy Immunol*, 98(4), 324–31.

Gangi, S., y Johansson, O. (abril 2000). A theoretical model based upon mast cells and histamine to explain the recently proclaimed sensitivity to electric and/or magnetic fields in humans. *Med Hypotheses*, 54(4), 663–71.

Garcia-Segura, L. M. (2009). *Hormones and Brain Plasticity*. New York: Oxford University Press.

Gilbertson, M. W., *et al.* (noviembre 2002). Smaller hippocampal volume predicts pathologic vulnerability to psychological trauma. *Nat Neurosci*, 5(11), 1242–7.

Goel, N., Kim, H., y Lao, R. P. (2005). An olfactory stimulus modifes nighttime sleep in young men and women. *Chronobiol Int*, 22(5), 889–904.

Gopal, A., *et al.* (enero-junio 2011). Effect of integrated yoga practices on immune responses in examination stress: A preliminary study. *Int J Yoga*, 4(1), 26–32.

Graevskaya, E. (enero 2003). Effect of methylmercury on histamine release from rat mast cells. *Archives of Toxicology*, 77(1), 17–21

Grinage, B. D. (15 diciembre 2003). Diagnosis and management of post-traumatic stress disorder. *Am Fam Physician*, 68(12), 2401–8.

Grosso, J. A, *et al.* (agosto 2014). A test of whether coping styles moderate the effect of PTSD symptoms on alcohol outcomes. *Journal of Traumatic Stress*, 27(4), 478–82.

Guarneri-White, M. E., Jensen-Campbell, L. A., y Knack, J. M. (febrero 2015). Is co-ruminating with friends related to health problems in victimized adolescents? *J Adolesc*, 39, 15–26.

Hagel, A. F., *et al.* (septiembre 2013). Intravenous infusion of ascorbic acid decreases serum histamine concentrations in patients with allergic and non-allergic diseases. *Naunyn Schmiedebergs Arch Pharmacol*, 386(9), 789–93.

✻Bibliografía✻

Harvey, A. G., Jones, C., y Schmidt, D. A. (mayo 2003). Sleep and posttraumatic stress disorder: A review. *Clinical Psychology Review*, 23(3), 377–407.

He, F., *et al.* (17 diciembre 2013). The impacts of dispositional optimism and psychological resilience on the subjective we-ll-being of burn patients: A structural equation modelling analysis. *PLoS One*, 8(12), e82939.

Hidalgo, R. B., y Davidson, J. (2000). Posttraumatic stress disorder: Epidemiology and health-related considerations. J Clin Pychiatry, 61(suppl 7), 5–13.

Hodge, L., Yan, K. Y., y Loblay, R. L. (agosto 1996). Assessment of food chemical intolerance in adult asthmatic subjects. *Thorax*, 51(8), 805–9.

Hölzel, B. K., *et al.* (marzo 2010). Stress reduction correlates with structural changes in the amygdala. *Soc Cogn Affect Neurosci*, 5(1), 11–17.

Hosseinbor, M., Ardekani, S. M., Bakhshani, S., y Bakhshani, S. (25 agosto 2014). Emotional and social loneliness in indivi-duals with and without substance dependence disorder. *Int J High Risk Behav Addict*, 3(3), e22688.

Hou, W. H., *et al.* (2010). Treatment effects of massage therapy in depressed people: A meta-analysis. J Clin Psychiatry. 71(7), 894–901.

Huang, Z. L., Mochizuki, T., Watanabe, H., y Maeyama, K. (6 agosto 1999). Activation of sensory nerves participates in stress-induced histamine release from mast cells in rats. *Neurosci Lett*, 270(3), 181–4.

Huszti, Z., y Balogh, I. (junio 1995). Effects of lead and mercury on histamine uptake by glial and endothelial cells. *Pharmacol Toxicol*, 76(6), 339–42.

Huxhold, O., Miche, M., y Schüz, B. (mayo 2014). Benefits of having friends in older ages: Differential effects of informal social activities on well-being in middle-aged and older adults. *J Gerontol B Psychol Sci Soc Sci*. 69(3), 366–75.

Iribarren, J., Prolo, P., Neagos, N., y Chiappelli, F. (diciembre 2005). Post-traumatic stress disorder: Evidence-based research for the third millennium. *Evid Based Complement Alternat Med*, 2(4), 503–512.

Itai, T., *et al.* (agosto 2000). Psychological effects of aromatherapy on chronic hemodialysis patients. *Psychiatry Clin Neurosci*, 54(4), 393–7.

Jan, J. E., Espezel, H., y Appleton, R. E. (febrero 1994). The treatment of sleep disorders with melatonin. *Developmental Medicine and Child Neurology*, 36(2), 97–107.

Jarisch, R., *et al.* (2014). Impact of oral vitamin C on histamine levels and seasickness. *J Vestib Res*, 24(4), 281–8.

Bibliografía

Johansson, O., *et al.* (noviembre 2001). Cutaneous mast cells are altered in normal healthy volunteers sitting in front of ordinary TVs/PCs--results from openfield provocation experiments. J *Cutan Pathol,* 28(10), 513–9.

Jovanovic, T., *et al.* (marzo 2010). Impaired fear inhibition is a biomarker of PTSD but not depression. *Depress Anxiety,* 27(3), 244–51.

Kamei, T., *et al.* (junio 2000). Decrease in serum cortisol during yoga exercise is correlated with alpha wave activation. *Percept Mot Skills,* 90(3 Pt 1), 1027–32.

Kanojia, S., *et al.* (octubre 2013). Effect of yoga on autonomic functions and psychological status during both phases of menstrual cycle in young healthy females. J *Clin Diagn Res,* 7(10), 2133–9.

Kashdan, T. B., Uswatte, G., y Julian, T. (febrero 2006). Gratitude and hedonic and eudaimonic well-being in Vietnam war veterans. *Behav Res Ther,* 44(2), 177–99.

Kasper, S., *et al.* (febrero 2008). Eficacy of St. John's wort extract WS 5570 in acute treatment of mild depression: A reanalysis of data from controlled clinical trials. *Eur Arch Psychiatry Clin Neurosci,* 258(1), 59–63.

Kather, H., y Simon, B. (27 octubre 1979). Opioid peptides and obesity. *Lancet,* 314(8148), 905.

Kempton, M. J., *et al.* (julio 2011). Structural neuroimaging studies in major depressive disorder: Meta-analysis and comparison with bipolar disorder. *Arch Gen Psychiatry*, 68(7), 675–90.

Khalfa, S., Bella, S. D., Roy, M., Peretz, I., y Lupien, S. J. (2003). Effects of relaxing music on salivary cortisol level after psychological stress. *Ann NY Acad Sci*, 999: 374–6.

Khanam, A. A., Sachdeva, U., Guleria, R., y Deepak, K. K. (octubre 1996). Study of pulmonary and autonomic functions of asthma patients after yoga training. *Indian J Physiol Pharmacol*, 40(4), 318–24.

Kiecolt-Glaser, J., y Glaser, R. (14 agosto 2008). Stress, anxiety can make allergy attacks even more miserable and last longer. Presentación en la reunión anual de la asociación sicológica en Boston, MA.

Komori, T., *et al.* (mayo-junio 1995). Effects of citrus fragrance on immune function and depressive states. *Neuroimmunomodulation*, 2(3), 174–80.

Kostek, J. A., *et al.* (diciembre 2014). Acquired equivalence in U. S. veterans with symptoms of posttraumatic stress: Reexperiencing symptoms are associated with greater generalization. *Journal of Traumatic Stress*, 27(6), 717–20.

Kreutz, G., et al. (diciembre 2004). Effects of choir singing or listening on secretory immunoglobulin A, cortisol, and emotional state. J Behav Med, 27(6), 623–35.

Kristal, A. R., Littman, A. J., Benitez, D., y White, E. (2005). Yoga practice is associated with attenuated weight gain in healthy, middle-aged men and women. Altern Ther Health Med, 11(4), 28–33.

Kubany, E. S., et al. (junio 2000). Development and preliminary validation of a brief broad-spectrum measure of trauma exposure: The traumatic life events questionnaire. Psychol Assess, 12(2), 210–24.

Kuijer, R. G., y Boyce, J. A. (junio 2012). Emotional eating and its effect on eating behaviour after a natural disaster. Appetite, 58(3), 936–39.

Laakmann, G., Schüle, C., Baghai, T., y Kieser, M. (junio 1998). St. John's wort in mild to moderate depression: The relevance of hyperforin for the clinical efficacy. Pharmacopsychiatry, 31(Suppl 1), 54–9.

Landau, D. (marzo 2011). Stressful life events and material deprivation in hoarding disorder. J Anxiety Disord, 25(2), 192–202.

Lane, J. D. (marzo 2011). Caffeine, glucose metabolism, and type 2 diabetes. Journal of Caffeine Research, 1(1), 23–28.

Lanius, R., et al. (3 enero 2014). Dissociative subtype of PTSD. *PTSD: National Center for PTSD, U. S. Department of Veterans Affairs.* Recuperado de www.ptsd.va.gov/professional/PTSD-overview/Dissociative_Subtype_of_PTSD.asp

Larson, R. W. (febrero 1997). The emergence of solitude as a constructive domain of experience in early adolescence. *Child Dev.* 68(1), 80–93.

Lazar, S. W., et al. (15 mayo 2000). Functional brain mapping of the relaxation response and meditation. *Neuroreport,* 11(7), 1581–5.

Leary, M. R., y Springer, C. A. (2000). Hurt feelings: The neglected emotion. In R. M. Kowalski (Ed.), *Behaving Badly: Aversive Behaviors in Interpersonal Relationships.* Washington, D. C.: American Psychological Association.

Levine, P. A. (2010). *In an Unspoken Voice: How the Body Releases Trauma and Restores Goodness.* Berkeley, CA: North Atlantic Books.

Lillehei, A. S., y Halcon, L. L. (junio 2014). A systematic review of the effect of inhaled essential oils on sleep. *J Altern Complement Med,* 20(6), 441–51.

Long, B., y Haney, C. (diciembre 1988). Long-term follow-up of stressed working women: A comparison of aerobic exercise and progressive relaxation. *Journal of Sport and Exercise Psychology,* 10(4), 461–70.

Lovallo, W. R., *et al.* (2005). Caffeine stimulation of cortisol secretion across the waking hours in relation to caffeine intake
levels. *Psychosom Med*, 67(5), 734–9.

Maintz, L., y Novak, L. (2007). Histamine and histamine intolerance. *Am J Clin Nutri*, 85(5), 1185–96.

Maršanić, V. B., *et al.* (mayo 2014). Self-reported emotional and
behavioral symptoms, parent-adolescent bonding and family functioning in clinically referred adolescent offspring of
Croatian PTSD war veterans. *Eur Child Adolesc Psychiatry*, 23(5),
295–306.

Mayo Clinic Staff. (8 abril 2014). Relaxation techniques. *Mayo
Clinic*. Recuperado de www.mayoclinic.org/healthy-living/
stress-management/basics/relaxation-techniques/hlv-
20049495

McCraty, R., Barrios-Choplin, B., Atkinson, M., y Tomasino, D.
(enero 1998). The effects of different types of music on mood,
tension, and mental clarity. *Altern Ther Health Med*, 4(1), 75–84.

McKay, D. L., y Blumberg, J. B. (julio 2006). A review of the
bioactivity and potential health benefits of chamomile tea
(Matricaria recutita L.). *Phytother Res*, 20(7), 519–30.

McPherson, F., y Schwenka, M. A. (2004). Use of complementary
and alternative therapies among active duty soldiers, military

retirees, and family members at a military hospital. Mil Med, 169(5), 354–7.

Mealer, M., et al. (2009). The prevalence and impact of post traumatic stress disorder and burnout syndrome in nurses. *Depression and Anxiety*, 26(12), 1118–26.

Meewisse, M. L., et al. (noviembre 2007). Cortisol and post-traumatic stress disorder in adults: Systematic review and meta-analysis. *The British Journal of Psychiatry*, 191, 387–92.

Melzer, D., et al. (13 enero 2010). Association of urinary bisphenol A concentration with heart disease: Evidence from NHANES 2003/06. *PLoS One*, 5(1), e8673.

Mitchell, K. S., et al. (abril 2014). A pilot study of a randomized controlled trial of yoga as an intervention for PTSD symptoms in women. *Journal of Traumatic Stress*, 27(2), 121–8.

Moon, M. K., et al. (13 mayo 2015). Long-term oral exposure to bisphenol A induces glucose intolerance and insulin resistance. *J Endocrinol*, pii: JOE-14- 0714.

Morin, C. M., et al. (noviembre 2005). Valerian-hops combination and diphenhydramine for treating insomnia: A randomized placebo-controlled clinical trial. *Sleep*, 28(11), 1465–71.

Morris, M. J., y Pavia, M. M. (23 abril 2004). Increased endogenous noradrenaline and neuropeptide Y release from the hypothalamus of streptozotocin diabetic rats. Brain Res, 1006(1), 100–6.

Moyer, C. A., Rounds, J., y Hannum, J. W. (2004). A meta-analysis of massage therapy research. Psychol Bulletin, 130(1), 3–18.

Mubarak, A., et al. (2013). Supplementation of a high-fat diet with chlorogenic acid is associated with insulin resistance and hepatic lipid accumulation in mice. J Agric Food Chem, 61(18), 4371–8.

Nakajima, Y., Goldblum, R. M., y Midoro-Horiuti, T. (2012). Fetal exposure to bisphenol A as a risk factor for the development of childhood asthma: An animal model study. Environ Health, 11, 1–7.

Nauert, R. (2 mayo 2013). Child abuse, later PTSD show distinctive genetic signature. Psych Central. Recuperado de http://psychcentral.com/news/2013/05/02/child-abuse-later-ptsd-show-distinctive-genetic-signature/ 54377.html

Newball, H. H., et al. (septiembre 1986). Organophosphate-induced histamine release from mast cells. Pharmacol Exp Ther, 238(3), 839–45.

Newmeyer, M., et al. (otoño 2014). The Mother Teresa effect: The modulation of spirituality in using the CISM model with mental health service providers. Int J Emerg Ment Health, 16(1), 251–8.

O'Brien, E., Dolinoy, D. C., y Mancuso, P. (enero-marzo 2014). Bisphenol A at concentrations relevant to human exposure enhances histamine and cysteinyl leukotriene release from bone marrow-derived mast cells. J Immunotoxi- col, 11(1), 84–9.

Oken, B. S., et al. (2006). Randomized, controlled, six-month trial of yoga in healthy seniors: Effects on cognition and quality of life. Alternative Therapies in Health and Medicine, 12(1), 40–7.

Olff, M. (2012). Bonding after trauma: On the role of social support and the oxytocin system in traumatic stress. Eur J Psychotraumatol, 3, 10.3402. doi: 10.3402/ejpt.v3i0.18597

Omini, C., et al. (1990). Passive cigarette smoke exposure induces airway hyperreactivity to histamine but not to acetylcholine in guinea-pigs. Pulm Pharmacol, 3(3), 145–50.

Parrott, R. F., Heavens, R. P., y Baldwin, B. A. (1986). Stimulation of feeding in the satiated pig by intracerebroventricular injection of neuropeptide Y. Physiol. Behav, 36(3), 523–5.

Perry, R., Terry, R., Watson, L. K., y Ernst, E. (15 junio 2012). Is lavender an anxiolytic drug? A systematic review of randomized clinical trials. Phytomedicine, 19(8–9), 825–35.

Pineles, S. L. (febrero 2011). Trauma reactivity, avoidant coping, and PTSD symptoms: a moderating relationship? J *Abnorm Psychol*, 120(1), 240–6.

Pittler, M. H., y Ernst, E. (febrero 2000). Eficacy of kava extract for treating anxiety: Systematic review and meta-analysis. J *Clin Psychopharmacol*, 20(1), 84–9.

Polheber, J. P., y Matchock, R. L. (octubre 2014). The presence of a dog attenuates cortisol and heart rate in the Trier Social Stress Test compared to human friends. J *Behav Med*, 37(5), 860–7.

Potter, P., Deshields, T., y Rodriguez, S. (octubre-diciembre 2013). Developing a systemic program for compassion fatigue. *Nurse Administration Quarterly*, 37(4), 326–32.

Prasad, A., *et al.* (1 abril 2009). Clinical characteristics and four-year outcomes of patients in the Rhode Island Takotsubo Cardiomyopathy Registry. *American Journal of Cardiology*, 103(7), 1015–19.

Price, J. L. (3 enero 2014). When a child's parent has PTSD. US *Department of Veteran's Affairs*. Recuperado de www.ptsd.va.gov/ professional/treatment/ children/pro_child_parent_ptsd.asp

Puleo, G. (2014). Burnout and post-traumatic stress disorder. TedX Talk at Seton Hill University in Greensburg, PA. Recuperado de http://tedxtalks.ted .com/video/Burnout-and-post-traumatic-stre

Rajkovic, V. (julio 2005). Histological characteristics of cutaneous and thyroid mast cell populations in male rats expuesto power-frequency electromagnetic fields. *Int J Radiat Biol*, 81(7), 491–9.

Raub, J. A. (2002). Psychophysiologic effects of hatha yoga on musculoskeletal and cardiopulmonary function: A literature review. *The Journal of Alternative and Complementary Medicine*, 8(6), 797–812.

Rioux, J. G., y Ritenbaugh, C. (mayo-junio 2013). Narrative review of yoga intervention clinical trials including weight-related outcomes. *Altern Ther Health Med*, 19(3), 32–46.

Rohr, U., König, W., y Selenka, F. (diciembre 1985). Effect of pesticides on the release of histamine, chemotactic factors and leukotrienes from rat mast cells and human basophils. *Zentrabl Bakteriol Mikrobiol Hyg B*, 181(6), 469–86.

Ross, A., y Thomas, S. (2010). The health benefits of yoga and exercise: A review of comparison studies. *Journal of Alternative and Complementary Medicine*, 16(1), 3–12.

Roth, S., y Cohen, L. (1986). Approach, avoidance, and coping with stress. *American Psychologist*, 41(7), 813–9.

Sakamoto, T., Kamijimab, M., y Miyakec, M. (15 junio 2012). Neurogenic airway microvascular leakage induced by toluene inhalation in rats. *Eur J Pharmacol.* 685(1–3), 180–5.

Sansone, R. A., y Sansone, L. A. (noviembre 2010). Gratitude and well being: The benefits of appreciation. *Psychiatry (Edgmont)*, 7(11), 18–22.

Sapolsky, R. M. (2004). *Why zebras don't get ulcers* (3rd ed.). New York: St. Martin's Griffin.

Sarris, J., *et al.* (agosto 2009). The Kava Anxiety Depression Spectrum Study (KADSS): A randomized, placebo-controlled crossover trial using an aqueous extract of Piper methysticum. *Psychopharmacology (Berl)*, 205(3), 399–407.

Sarris, J., LaPorte, E., y Schweitzer, I. (2011). Kava: A comprehensive review of efficacy, safety, and psychopharmacology. *Aust N Z J Psychiatry*, 45(1), 27–35.

Sato, T. (20 febrero 1998). Augmentation of allergic reactions by several pesticides. *Toxicology.* 126(1), 41–53.

Schaubschläger, W. W., *et al.* (1991). Release of mediators from human gastric mucosa and blood in adverse reactions to benzoate. *Int Arch Allergy Appl Immunol*, 96(2), 97–101.

Schnyder, U., y Cloitre, M., Eds. (2015). Evidence-based treatments for trauma-related psychological disorders: A practical guide for clinicians. New York: Springer.

Seo, M. (2008). A small amount of tetrachloroethylene ingestion from drinking water accelerates antigen-stimulated allergic responses. Immunobiology, 213(8), 663–9.

Seppälä, E. M., et al. (agosto 2014). Breathing-based meditation decreases posttraumatic stress disorder symptoms in U.S. military veterans: A randomized controlled longitudinal study. Journal of Traumatic Stress, 27(4), 397–405.

Sherman, K. J., et al. (12 diciembre 2011). A randomized trial comparing yoga, stretching, and a self-care book for chronic low back pain. Archives of Internal Medicine, 171(22), 2019–26.

Sijbrandij, M., et al. (diciembre 2013). Impaired fear inhibition learning predicts the persistence of symptoms of posttraumatic stress disorder (PTSD). Journal of Psychiatric Research, 47(12), 1991–7.

Sleiman, M., et al. (abril 2010). Formation of carcinogens indoors by surface-mediated reactions of nicotine with nitrous acid, leading to potential thirdhand smoke hazards. Proc Natl Acad Sci, 107(15), 6576–81.

✱ Bibliografía ✱

Smith, C., Klosterbuer, A., y Levine, A. S. (abril 2009). Military experience strongly influences post-service eating behavior and BMI status in American veterans. *Appetite*, 52(2), 280–9.

Srivastava, J. K., Shankar, E., y Gupta, S. (2010). Chamomile: A herbal medicine of the past with bright future. *Molecular Medicine Reports*, 3(6), 895–901.

Steinemann, A. C., Gallagher, L. G., Davis, A. L., y MacGregor, I. C. (2011). Chemical emissions from residential dryer vents during use of fragranced laundry products. *Air Qual Atmos Health*, 6(1), 151–6.

Stevinson, C., y Ernst, E. (1 abril 2000). Valerian for insomnia: A systematic review of randomized clinical trials. *Sleep Med*, 1(2), 91–9.

Stewart, S. H. (julio 1996). Alcohol abuse in individuals exposed to trauma: A critical review. *Psychological Bulletin*, 120(1), 83–112.

Tanaka, Y., *et al.* (2014). Allergy to formaldehyde, basophil histamine-release test is useful for diagnosis. *Int Arch Allergy Immunol*, 164(1), 27–9.

Thakkar, M. M. (febrero 2001). Histamine in the regulation of wakefulness. *Sleep Med Rev*, 15(1), 65–74.

Theoharides, T. C., y Cochrane, D. E. (enero 2004). Critical role of mast cells in inﬂammatory diseases and the effect of acute stress. *Journal of Neuroimmunology*, 146(1–2), 1–12.

Tilbrook, H. E., *et al.* (1 noviembre 2011). Yoga for chronic low back pain: A randomized trial. *Annals of Internal Medicine*, 155(9), 569–78.

Tomiyama, J. A. (1 noviembre 2014). Weight stigma is stressful: A review of evidence for the Cyclic Obesity/Weight-Based Stigma model. *Appetite*, 82, 8–15.

Trappe, H. J. (diciembre 2010). The effects of music on the cardiovascular system and cardiovascular health. *Heart*, 96(23), 1868–71.

Uebelacker, L. A., *et al.* (16 enero 2010). Hatha yoga for depression: A critical review of the evidence for efficacy, plausible mechanisms of action, and directions for future research. *Journal of Psychiatric Practice*, 16(1), 22–33.

United States Department of Agriculture. National nutrient database for standard reference, release 27. *The National Agricultural Library*. Recuperado de http://ndb.nal.usda.gov/ndb/search/list

University of Michigan Health System. (8 febrero 2011). New link between genes and stress response, depression: Neuro-

peptide Y. *Science Daily*. Recuperado de www.sciencedaily.com/
releases/2011/02/110207165426.htm.

Van der Kolk, B. A. (2011). Introduction. In D. Emerson y E.
Hopper, Eds., *Overcoming Trauma Through Yoga: Reclaiming Your Body.*
Berkeley, CA: North Atlantic Books.

Van der Kolk, B. A. (2014). *The Body Keeps the Score: Brain, Mind, and
Body in the Healing of Trauma.* New York: Viking.

VanderEnde, D. S., y Morrow, J. D. (julio 2001). Release of mar-
kedly increased quantities of prostaglandin D2 from the skin
in vivo in humans after the application of cinnamic aldehyde.
J Am Acad Dermatol, 45(1), 62–7.

Vilhena, E., *et al.* (julio 2014). Optimism on quality of life in Por-
tuguese chronic patients: Moderator/mediator? *Rev Assoc Med
Br*, 60(4), 373–80.

Vilijaa, M., y Romualdas, M. (marzo 2014). Unhealthy food in
relation to posttraumatic stress symptoms among adolescents.
Appetite, 74, 86–91.

Vrbanac, Z., *et al.* (septiembre 2013). Animal assisted therapy and
perception of loneliness in geriatric nursing home residents.
Coll Antropol, 37(3), 973–6.

Walker, P. (2013). *Complex PTSD: From Surviving to Thriving*. Lafayette, CA: Azure Coyote Publishing, printed by CreateSpace.

Wardle, J. (febrero 1987). Compulsive eating and dietary restraint. *British Journal of Clinical Psychology, 26*(1), 47–55.

Wegner, M., Schüler, J., y Budde, H. (octubre 2014). The implicit affiliation motive moderates cortisol responses to acute psychosocial stress in high school students. *Psychoneuroendocrinology*, 48, 162–8.

West, D. J. (1960). Visionary and hallucinatory experiences: A comparative appraisal. *International Journal of Parapsychology, 2*(1), 89–100.

Westphal, V. K., y Smith, J. E. (1996). Overeaters Anonymous: Who goes and who succeeds? *International Journal of Eating Disorders*, 4, 160–70.

Wilson, G. T., y Fairburn, C. G. (1998). Treatments for eating disorders. In P. E. Nathan y J. M. Gorman, Eds., *A Guide to Treatments That Work*. New York: Oxford University Press.

Wilson, S. A., Becker, L. A., y Tinker, R. H. (diciembre 1997). Fifteen-month follow-up of eye movement desensitization and reprocessing (EMDR) treatment for posttraumatic stress disorder and psychological trauma. *J Consult Clin Psychol, 65*(6), 1047–56.

Bibliografía

Wingenfeld, K., y Wolf, O. (enero 2015). Effects of cortisol on cognition in major depressive disorder, posttraumatic stress disorder and borderline personality disorder-2014 Curt Richter Award Winner. *Psychoneuroendocrinology*, 51, 282–95.

Wirth, M. M., y Schultheiss, O. C. (diciembre 2006). Effects of affiliation arousal (hope of closeness) and affiliation stress (fear of rejection) on progesterone and cortisol. *Horm Behav*, 50(5), 786–95.

Wolf, L. D., Davis, M. C., Yeung, E. W., y Tennen, H. A. (8 enero 2015). The within-day relation between lonely episodes and subsequent clinical pain in individuals with bromyalgia: Mediating role of pain cognitions. *Journal of Psychosomatic Research*. Recuperado de http://dx.doi.org/10.1016/j.jpsychores.2014.12.018.

Woodyard, C. (julio-diciembre 2011). Exploring the therapeutic effects of yoga and its ability to increase quality of life. *Int J Yoga*, 4(2): 49–54.

Wortmann, J. H., Park, C. L., y Edmondson, D. (2011). Trauma and PTSD symptoms: Does spiritual struggle mediate the link? *Psychol Trauma*, 3(4), 442–52.

Ye, Y., y Lin, L. (26 enero 2015). Examining relations between locus of control, loneliness, subjective well-being, and preference for online social interaction. *Psychological Reports*. doi: 10.2466/07.09.PR0.116k14w3.

Yeung, E. W., Davis, M. C., Aiken, L. S., y Tennen, H. A. (8 noviembe 2014). Daily social enjoyment interrupts the cycle of same-day and next-day fatigue in women with bromyalgia. *Ann Behav Med*. Recuperado de www.ncbi.nlm.nih.gov/pubmed/25380634.

Yuen, K. W., *et al.* (abril 2014). Plasma oxytocin concentrations are lower in depressed vs. healthy control women and are independent of cortisol. *Journal of Psychiatric Research*, 51, 30–6.

Zampeli, E., y Tiligada, E. (mayo 2009). The role of histamine H4 receptor in immune and inflammatory disorders. *British Journal of Pharmacology*, 157(1), 24–33.

Zioudrou, C., Streaty, R. A., y Klee, W. A. (10 abril 1979). Opioid peptides derived from food proteins: The exorphins. *Journal of Biological Chemistry*, 254(7), 2446–9.

Sobre la autora

Doreen Virtue tiene estudios de licenciatura, maestría y doctorado en asesoría sicológica. Trabajó como sicoterapeuta especializada en desórdenes de alimentación y adicciones; ahora imparte talleres online sobre temas relacionados con sus libros y cartas del oráculo. Es autora de *Reafirmación para los ángeles terrenales*, *Los milagros del arcángel Miguel* y *Sanación con los ángeles*, entre muchas otras obras. Doreen ha participado en los programas de televisión estadunidense *Oprah*, *Good Morning America*, en la cadena CNN y ha aparecido en periódicos y revistas a nivel mundial.

www.angeltherapy.com

www.earthangel.com